VOYAGES
DU CAPITAINE
LEMUEL GULLIVER,
EN
DIVERS PAYS
ELOIGNEZ.
TOME SECOND.

Premiere Partie.

Contenant le Voyage de Laputa, Balnibarbi, Glubbdubdribb, Luggnagg, & Japon.

NOUVELLE TRADUCTION
plus ample, plus exacte, & plus fidéle, que celle de Paris, avec Figures, & Cartes Geographiques.

A LA HAYE,
Chez P. GOSSE & J. NEAULME.
MDCCXXVII.

TABLE
DES CHAPITRES

Du Voyage de Laputa, Balnibarbi, &c.

CHAP. I.

L'*Auteur entreprend un Troisiéme Voyage; est pris par des Pyrates. Mechanceté d'un Flamand. Il arrive dans une Isle & est reçu dans la Ville de Laputa.* pag. 1

CHAP. II.

Description des Laputiens. Quelles sortes de Sciences sont en vogue chez eux. Idée abregée du Roi & de sa Cour. Maniére dont l'Auteur y est reçu. Craintes & Inquiétudes auxquelles les Habitans sont sujets. Description des Femmes. 10

CHAP. III.

Phenomène expliqué par le secours de la Philosophie & de l'Astronomie Moderne. Habileté des Laputiens dans la derniére de ces deux Sciences. Methode du Roi pour reprimer les soulevemens. 22

† 2 CHAP.

TABLE DES CHAPITRES.

CHAP. IV.

L'Auteur quitte Laputa, *est conduit à* Balnibarbi; *& arrive à la Capitale. Description de cette Ville & du païs adjacent. Hospitalité avec laquelle il est reçu par un Grand Seigneur. Sa Conversation avec lui.* 30

CHAP. V.

L'Auteur obtient la permission de voir la grande Academie de Lagado. *Ample Description de cette Academie. Arts auxquels les Professeurs s'y employent.* 40

CHAP. VI.

Continuation du même sujet. L'Auteur propose quelques Nouvelles Inventions, qui sont reçues avec de grands Aplaudissemens. 51

CHAP. VII.

L'Auteur quitte Lagado *& arrive à* Maldonada. *Aucun Vaisseau n'étant prêt à faire voile, il fait un Tour à* Glubbdubdribb. *Reception que lui fit le Gouverneur.* 60

CHAP. VIII.

Détail curieux touchant la Ville de Glubbdubdribb. *Quelques Corrections de l'Histoire Ancienne & Moderne.*

CHAP.

TABLE DES CHAPITRES.

CHAP. IX.

L'Auteur revient à Maldonada, & fait voile pour le Royaume de Luggnagg. Il y est mis en prison, & ensuite envoyé à la Cour. Maniére dont il y est admis. Extrême Clemence du Roi envers ses Sujets. 75

CHAP. X.

Eloge des Luggnaggiens. Description particuliére des Struldbrugs, avec plusieurs Conversations entre l'Auteur & quelques personnes de la premiére Distinction sur ce sujet. 81

CHAP. XI.

L'Auteur quitte Luggnagg & va au Japon; d'où il se rend sur un Vaisseau Hollandois à Amsterdam, & d'Amsterdam en Angleterre. 94

TABLE
DES CHAPITRES
Du Voyage au Pays des Houyhnhnms.

CHAP. I.
L'Auteur entreprend un Voyage en Qualité de Capitaine d'un Vaisseau. Ses gens conspirent contre lui, le tiennent pendant quelques tems renfermé dans sa Cabane, & le mettent à Terre dans un Pays inconnu. Il avance dans le Pays. Description d'un Etrange Animal nommé Yahoo. L'Auteur rencontre deux Houyhnhms. 101

CHAP. II.
Un Houyhnhm, conduit l'Auteur à sa Maison. Description de cette Maison. Maniére dont l'Auteur y est reçu. Nourriture des Houyhnhms. L'Auteur pourvû d'Alimens après avoir craint d'en manquer. Maniére dont il se nourrissoit dans ce pays. 112

CHAP. III.
L'Auteur s'aplique à aprendre la Langue du Pays, & son Maître le Houyhnhm lui en donne des Leçons. Description de cette Langue. Plusieurs Houyhnhms de Qualité viennent par curiosité voir l'Auteur. Il fait à son Maître un Récit abregé de son Voyage. 121

CHAP. IV.
Notions des Houyhnhms touchant le vrai & le faux. Discours de l'Auteur désaprouvé par
son

TABLE DES CHAPITRES.

son Maître. L'Auteur entre dans un plus grand Détail sur lui-même & sur les Accidens de son Voyage. 129

CHAP. V.
L'Auteur pour obéir aux ordres de son Maître, l'informe de l'Etat de l'Angleterre, aussi bien que des causes de la Guerre entre quelques Potentats de l'Europe ; & commence à lui donner quelques idées sur la Nature du Gouvernement de l'Angleterre. 138

CHAP. VI.
Suite du Discours de l'Auteur sur l'Etat de son pays, si bien gouverné par une Reine, qu'on peut s'y passer de premier Ministre. Portrait d'un pareil Ministre. 148

CHAP. VII.
Amour de l'Auteur pour sa Patrie. Observations de son Maître sur le gouvernement de l'Angleterre, tel qu'il avoit été décrit par l'Auteur, avec quelques comparaisons & parallèles sur le même sujet. Remarques du Houyhnhnm *sur la Nature Humaine.* 160

CHAP. VIII.
Détail touchant les Yahoos. Excellentes Qualitez des Houyhnhnms. *Quelle Education ils reçoivent, & à quels Exercices ils s'apliquent dans leur Jeunesse. Leur Assemblée generale.* 171

CHAP. IX.
Grand Débat dans l'Assemblée generale des Houyhnhnms, *& de quelle maniére il fut terminé. Sciences qui sont en vogue parmi eux. Leurs Bâtimens. Maniére dont ils enterrent leurs*

TABLE DES CHAPITRES.

leurs Morts. Imperfection de leur Langage. 179

CHAP. X.

Quelle heureuse vie l'Auteur menoit parmi les Houyhnhnms. *Progrès qu'il fait dans la Vertu en conversant avec eux. Leurs Conversations. L'Auteur est informé par son Maître qu'il faut qu'il quitte le pays. Il s'évanouït de Douleur, & après avoir repris ses sens, promet d'obéir. Il vient à bout de faire un Canot, & met en Mer à l'Avanture* 187

CHAP. XI.

Quels Dangers l'Auteur essuya. Il arrive à la Nouvelle Hollande, esperant d'y fixer sa demeure. Il est blessé d'un coup de Flèche par un des Naturels du pays, & transporté dans un Vaisseau Portugais. *Il reçoit de grandes Civilitez du Capitaine, & arrive en* Angleterre. 193

CHAP. XII.

Veracité de l'Auteur. Dessein qu'il s'est proposé en publiant cet Ouvrage. Il censure ces Voyageurs qui n'ont pas un respect inviolable pour la verité. L'Auteur refute l'Accusation qu'on pourroit peut-être lui faire d'avoir eu quelques vuës sinistres en écrivant. Reponse à une objection. Methode de faire des Colonies. Eloge de son pays. Il prouve que l'Angleterre a de justes droits sur les pays dont il a fait la Description. Difficulté qu'il y auroit à s'en rendre maître. L'Auteur prend congé du Lecteur; declare de quelle maniere il pretend passer le reste de sa Vie, donne un bon Avis, & finit. 211

VOYAGES.

PART. III.

VOYAGE DE LAPUTA, DE BALNIBARBI, DE LUG-GNAGG, DE GLUBBDUB-DRIB ET DU JAPON.

CHAPITRE I.

L'Auteur entreprend un troisiéme Voyage; est pris par des Pirates. Mechanceté d'un Flamand. Il arrive dans une Isle & est reçu dans la Ville de Laputa.

IL n'y avoit que dix jours que j'é-tois de retour, qu'un Capitaine nommé *Guillaume Robinson*, Commandant de *l'Esperance*, qui étoit un Vaisseau de trois cent Tonneaux, vint me rendre visite. J'avois déjà été Chirur-gien

gien d'un Vaisseau qui lui apartenoit, & sur lequel nous avions fait ensemble un Voyage au *Levant*. Il m'avoit toûjours traité plutôt en Frére qu'en Officier interieur, & ayant oüi dire que j'étois arrivé, il vint me voir par amitié, (à ce que je croyois) puisque toute nôtre Conversation se passa en Complimens ordinaires après une longue absence. Mais après m'avoir réïteré plusieurs fois ses visites, m'avoir exprimé sa joye de me trouver en si bonne santé : & demandé si j'avois renoncé pour le reste de ma vie aux Voyages, il me dit qu'il avoit dessein d'en faire un aux *Indes Orientales*, dans deux mois, & me pria de vouloir être Chirurgien de son Vaisseau : Je sçai bien, ajouta-t-il, que ce n'est plus un emploi à vous être offert ; mais ce qui pouroit le rendre acceptable, c'est que sans compter les deux Aides ordinaires, vous aurez encore un Chirurgien sous vous, que vôtre paye sera double, & que je m'engage à déférer autant à vos avis, que si vous étiez Commandant comme moi.

Il me dit plusieurs autres choses obligeantes, & d'ailleurs je le connoissois pour un si honnête homme, que je ne pûs rejetter son projet. La fureur que j'avois de voir de nouveaux pays, continuant (nonobstant les maux que ma curiosité m'avoit attirez) à être aussi violente que jamais, la seule difficulté fut de persuader ma Femme, dont néanmoins j'obtins enfin le consentement, par la vuë des Avantages qui en pourroient revenir à nos Enfans.

Nous partimes le 5. *d'Aoust* 1706. & arrivâmes

vâmes au Fort de *Saint George le* 11. *d'Avril* 1707. où nous nous arrêtames trois semaines, pour l'amour de quelques Malades qu'il y avoit à nôtre Bord. De là nous fimes voile pour le *Tonquin*, où le Capitaine avoit resolu de passer quelque tems, parce que plusieurs des Marchandises qu'il vouloit acheter n'étoient pas prêtes, & ne le pouvoient être encore de quelques mois. C'est pourquoi dans l'Esperance de se dédommager des fraix qu'il seroit obligé de faire en attendant ; il acheta une Chaloupe, qu'il fit charger de diferentes sortes de Marchandises qui sont de debit chez les *Tonquinois*, & ayant mis sur cette Chaloupe quatorze Hommes, dont trois étoient des Naturels du pays, il m'établit Commandant de la Chaloupe ; avec pouvoir de trafiquer pendant l'espace de deux Mois, que ses Affaires l'obligeoient de passer à *Tonquin*.

Il n'y avoit que trois jours que nous avions mis en Mer, qu'il se leva une furieuse Tempête, qui nous porta pendant cinq jours au Nord-Nord-Est, & puis à l'Est, après quoi nous eumes beau tems avec une bonne fraicheur de West. Le dixiéme jour nous fumes poursuivis par deux Corsaires qui nous eurent bien-tôt joints, & pris, car nous n'étions pas assez de monde pour pouvoir faire quelque resistance, & ma Chaloupe étoit trop chargée pour qu'il fût possible d'échaper à force de voiles

Les deux Corsaires nous abordérent dans le même instant, & se jettérent sur nôtre Tillac à la tête de leurs gens : mais trou-

A 2

vant que nous étions tous prosternez (suivant l'ordre que j'en avois donné,) ils se contentérent de nous bien lier ; & puis, ayant donné ordre à quelques-uns de leur gens, de nous bien garder, ils se mirent à chercher ce qu'il y avoit dans la Chaloupe. Je remarquai parmi eux un *Flamand*, qui paroissoit avoir quelque Autorité, quoi qu'il ne fût Commandant d'aucun des deux Vaisseaux. Il connut à nôtre Air & à nôtre Habillement que nous étions *Anglois*, & nous adressant la parole dans son Langage, il jura que nous serions jettez dans la Mer, liez dos à dos. Je parlois passablement *Flamand*. Je lui dis qui nous étions, & le priai qu'en consideration du titre de Chrêtien que nous portions l'un & l'autre, il voulût porter le Capitaine à avoir pitié de nous. Cette prière ne servit qu'à l'irriter encore plus, & qu'à lui faire repeter ses Menaces ; puis s'étant tourné vers ses Compagnons, il leur parla avec beaucoup de vehemence en *Japonois*, à ce que je m'imagine, se servant souvent du mot de *Chrêtiens*.

Le plus grand des deux Vaisseaux Corsaires, étoit commandé par un Capitaine *Japonois*, qui parloit un peu *Flamand*, quoi que fort mal. Il s'aprocha de moi, & après plusieurs Questions, auxquelles je repondis avec beaucoup d'humilité, il dit que nous ne mourrions point. Je fis une profonde reverence au Capitaine, & me tournant ensuite vers le *Flamand*, je lui dis, que j'étois surpris de trouver plus de campassion dans un Payen, que dans lui qui faisoit profession du

Chris

Chriſtianiſme. Mais je ne tardai guères à me repentir de ces imprudentes paroles, car ce mechant homme ayant pluſieurs fois vainement tâché de perſuader aux deux Capitaines de me faire jetter dans la Mer (ce qu'ils ne voulurent pas lui accorder après la promeſſe qui m'avoit été faite que j'aurois la vie ſauve) eut pourtant le pouvoir d'obtenir d'eux, qu'on m'infligeroit une peine plus cruelle en aparence que la Mort même. Mes gens furent diſtribuez ſur les deux Vaiſſeaux, & les Pirates chargérent quelques-uns de leurs Matelots de naviger ma Chaloupe. Pour ce qui me regarde, il fut reſolu que je ſerois mis dans un petit Canot, avec des Rames, une Voile, & des proviſions pour quatre jours, que le Capitaine *Japonois* eut la bonté de doubler, & puis abandonné au gré des Flots. Je deſcendis dans le Canot, pendant que le *Flamand* me regaloit de tous les termes injurieux que ſa Langue maternelle pût lui fournir.

Environ une heure avant que d'avoir aperçû les Corſaires, j'avois pris hauteur, & trouvé que nous étions au 46. degré de Latitude Septentrionale, & au 183. Degré de Longitude. Quand je fus à quelque diſtance des Pyrates, je decouvris par le moyen de ma Lunette d'aproche quelques Iſles au Sud-Eſt. Je hauſſai ma Voile dans le deſſein de gagner la plus prochaine de ces Iſles, ce que je crus pouvoir faire en trois heures. Quand j'y fus arrivé, je vis que ce n'étoit qu'un Amas de petits Rochers, ſur leſquels je trouvai pluſieurs Oeufs d'oiſeaux, &

ayant fait du Feu avec un Fufil, j'allumai quelques Bruyéres & quelques autres herbes féches, fur lefquelles je rotis mes œufs Ce fut là tout mon fouper, parce que je voulois épargner mes provifions autant qu'il m'étoit poffible. Je paffai la nuit à l'abri fous un Rocher, avec un peu de Bruyéres fous la tête & dormis fort bien.

Le jour fuivant je gagnai une autre Ifle, & de là une troifiéme, & enfuite une quatriéme, me fervant tantôt de ma Voile & tantôt de mes Rames Mais pour ne pas fatiguer le Lecteur d'un détail peu intéreffant, je dirai feulement que le cinquiéme jour j'arrivai à la derniére des Ifles que j'avois aperçues, & qui étoit au Sud-Sud-Eft de la premiére.

Cette Ifle étoit plus éloignée que je n'avois cru, & je fus plus de cinq heures en chemin avant que d'y aborder: J'en fis prefque le tour tout entier, avant que de trouver un endroit propre à débarquer, qui étoit une petite Baye environ trois fois plus large que mon Canot. Je trouvai que le fond de l'Ifle étoit tout pierreux, quoi qu'il y eut par ci par là quelques Toufes d'herbe. Je pris mes petites provifions hors de la Chaloupe, & après avoir fait un leger Repas, je mis le refte dans une Caverne, dont cette Ifle étoit pleine. Je raffemblai une bonne quantité d'Oeufs & d'herbes féches, pour faire de l'une & de l'autre de ces chofes le même ufage que j'en avois déjà fait. (Car j'avois avec moi une pierre à feu, un Fufil, de la Méche & un Verre ardent.) Je paffai
tou-

toute la nuit dans la Caverne où étoient mes provisions. La même Bruyére, qui me servoit de Chaufage, me tenoit lieu de Lit. Les cruelles inquietudes dont j'étois agité, m'empêchérent de fermer l'œil de toute la nuit. Je considerois que je ne pouvois m'atendre qu'à une mort inévitable dans un lieu aride & desert comme celui où j'étois. Ces pensées m'acabloient si fort, que je n'eus pas le courage de me lever, & qu'avant que de sortir de ma Caverne, il faisoit déjà grand jour. Je me promenai quelque tems parmi les Rochers: le Ciel étoit fort serein & le Soleil si chaud, que je fus obligé d'en détourner les yeux: quand tout d'un coup cet Astre fut obscurci, à ce qu'il me paroissoit, d'une maniére tout à fait diferente, que lors qu'un Nuage vient à le couvrir. Je tournai la tête, & aperçus entre moi & le Soleil un grand Corps opaque, qui aprochoit de l'Isle où j'étois. Ce corps me paroissoit être à la hauteur de deux miles, & il m'ôta la vuë du Soleil pendant six ou sept minutes. Je ne remarquai pas que l'Air fût beaucoup plus froid pendant cet intervale, ou le Ciel beaucoup plus obscurci, que si je m'étois tenu à l'ombre d'une haute Montagne. Ce corps continuant toûjours à s'aprocher, je vis que c'étoit une substance ferme, & dont le dessous étoit fort uni. J'étois alors sur une hauteur à la distance de deux cent Verges du Rivage, & environ d'une Mile Angloise du corps dont je parle. Je pris alors ma Lunette d'aproche, & pûs apercevoir distinctement plusieurs hommes se mouvants sur les Côtes de cette nouvelle Planête, mais il me fut impossible de distinguer ce qu'ils faisoient.

Cet Amour pour la vie, qui nous quite si rarement, excita en moi quelques sentimens de joye, & je conçus quelque espoir de sortir d'une maniére ou d'autre de l'afreuse situation où j'étois. Mais il me seroit difficile d'exprimer quel étoit en même tems mon étonnement, de voir en l'air une Isle habitée par des Hommes, qui (à ce qu'il me paroissoit (pouvoient la hausser, la baisser, en un mot lui donner le Mouvement qu'ils vouloient ; mais n'étant pas alors d'Humeur de philosopher sur ce Phenomene, je tournai toute mon attention à considerer quel cours l'Isle prendroit, parce qu'elle me paroissoit être arrêtée. Un instant après néanmoins elle continua à s'aprocher, & j'en pûs voir les côtez, environnez de differentes sortes de Galeries, & de montées mises à de certaines distances, pour descendre de l'une dans l'autre. Dans la galerie la plus basse je vis quelques personnes qui péchoient avec de longues lignes, & d'autres qui ne faisoient que regarder. Je leur fis signe en tournant mon Bonnet, (car il y avoit déjà quelque tems que mon chapeau étoit usé) & mon Mouchoir dessus ma tête. Quand ils furent à portée d'entendre ma Voix, je criai de toute ma force, & remarquai par les regards qu'ils jettoient de mon côté, & par les signes qu'ils se faisoient les uns aux autres, qu'ils m'avoient aperçû, quoi qu'ils ne repondissent pas à mon Cri. Mais je vis distinctement quatre ou cinq d'entre eux qui montoient en grande hâte les

de-

degrez qui conduisoient au haut de l'Isle, & qui disparurent bien-tôt. Je devinai qu'ils étoient envoyez pour aller recevoir des ordres touchant ma personne, & j'apris depuis que je ne m'étois pas trompé.

Le nombre des spectateurs devenoit plus grand d'instant à autre, & en moins d'une demie heure l'Isle se trouva placée de maniére que la Galerie la plus basse me parut parallele à la hauteur où j'étois, quoi qu'éloignée d'environ cent verges. Je me mis alors dans l'attitude d'un supliant, & leur adressai la parole du ton du monde le plus humble, mais je ne reçus point de réponse. Ceux qui étoient le plus près vis à vis de moi, paroissoient des personnes de distinction à en juger par leur Habit. Ils me régardoient souvent, & sembloient causer ensemble avec aplication. A la fin un d'eux m'adressa quelques mots dans une langue qui avoit quelque raport avec l'*Italien*. J'exprimai ma reponse en cette derniere langue, dans l'esperance que du moins le son en plairoit davantage à leurs oreilles. Quoi que nous ne nous entendissions point, l'état où j'étois fit que tout le monde comprit aisément ce que je voulois dire.

Il me firent signe de descendre du Rocher, & de me rendre au Rivage, ce que je fis; après quoi l'Isle volante fut dirigée dans son mouvement de maniére, qu'une Chaine ayant été descendue de la Galerie la plus basse, avec un siége attaché au bout, je m'y attachai & fus tiré en haut par des poulies.

CHA-

CHAPITRE II.

Description des Laputiens. Quelles sortes de sciences sont en vogue chez eux. Idée abregée du Roi & de sa Cour. Maniére dont l'Auteur y est reçû. Craintes & inquietudes auxquelles les Habitans sont sujets. Description des Femmes.

A Peine eus-je mis pied à Terre, que je fus entouré par une foule de peuple, mais ceux qui étoient le plus près de moi paroissoient être quelque chose de plus. Ils me contemplérent avec toutes les marques possibles d'étonnement, & je crois qu'ils ont eu lieu de dire la même chose de moi, n'ayant jamais de ma vie vû des Hommes dont l'Habillement, la contenance & les maniéres m'ayent paru plus singuliéres. Ils panchent tous la Tête du côté droit, ou du côté gauche ; Un de leurs yeux est tourné vers la Terre, & un autre vers leur Zenith. Leurs habits exterieurs sont ornez de figures de Soleils, de Lunes, d'Etoiles, de Violons, de Flutes, de Harpes, de Trompettes, de Guitares, de Clavecins, & de plusieurs autres Instrumens de Musique inconnus en *Europe*. Je vis ici & là quelques Hommes, qui avoient l'air d'être des Valets, & qui avoient

avoient une Veſſie pleine d'air atachée comme un Fleau au bout d'un court baton, qu'ils tenoient entre leurs mains. Dans chaque Veſſie il y avoit quelques pois ſechez, ou quelques petits cailloux (à ce qui me fut dit depuis.) Ils ſe ſervoient de ces Veſſies pour fraper ſur la bouche & ſur les oreilles de ceux qui étoient proche d'eux, pratique dont il me fut impoſſible de concevoir alors l'utilité ; mais j'apris dans la ſuite que ce Peuple eſt ſi acoutumé à s'enfoncer & à ſe perdre dans de profondes meditations, qu'il leur eſt impoſſible de parler ou d'écouter les Diſcours des autres, s'ils ne ſont reveillez par quelque atouchement à la bouche ou aux organes de l'Ouïe : Voila pourquoi ceux qui ſont en état de faire cette depenſe, ont toûjours un pareil *Reveilleur* (ils l'apellent *Climenole*) dans leur Famille, en guiſe de Domeſtique, & dont ils ſont toûjours acompagnez quand ils ſortent, ou quand ils vont rendre quelque viſite. Son Emploi eſt, dans une compagnie de trois ou quatre perſonnes, de paſſer doucement ſa Veſſie ſur la bouche de celui qui veut parler, & ſur l'oreille droite de celui ou de ceux à qui il adreſſe la parole. Ce *Reveilleur* doit auſſi acompagner ſon Maître quand il ſe promêne, & lui donner dans de certaines occaſions un petit coup ſur les yeux ; parce qu'il eſt continuellement ſi fort ocupé de ſes meditations, qu'il ſeroit ſans cela en danger manifeſte de tomber dans quelque précipice, & de donner de la tête contre chaque Poteau : ou bien de tomber dans le Ruisseau ou d'y faire tomber les autres.

Ce Détail étoit necessaire, parce que mes Lecteurs, si je n'y étois pas entré, auroient été aussi embarrassez que moi à comprendre le procédé de ces gens, quand ils me firent monter par le moyen de plusieurs Escaliers jusqu'au haut de l'Isle, & qu'ils me conduisirent de là au Palais Royal. Pendant que nous montions, ils oublièrent plusieurs fois le sujet de leur commission, & me plantérent là, jusqu'à ce qu'ils fussent revenus à eux par le secours de leurs *Reveilleurs*; Car aucun ne paroissoit frapé de ce que mon habillement & mon air devoient avoir d'étrange à leurs yeux, ni même par les Aclamations du Vulgaire, dont l'ame n'étoit pas si susceptible de Speculations abstraites.

A la fin nous arrivames au Palais, & entrames dans la Chambre de presence, où nous vîmes le Roi sur son Thrône, & à chacun de ses côtez plusieurs personnes du premier rang. Devant son Trône étoit une grande Table remplie de Globes, de Spheres, & d'Instrumens de Mathematiques de toutes les sortes. Sa Majesté ne fit pas la moindre atention à nous, quoi que le Concours de tous ceux qui apartenoient à la Cour, rendît nôtre entrée assez bruyante. Mais il étoit alors profondement ocupé à chercher la solution d'un problême, qu'il ne trouva qu'une heure après. Il y avoit à chacun de ses côtez un jeune Page avec une Vessie à la main; quand ces Pages virent que la Demonstration étoit trou-

trouvée, un d'eux lui donna un petit coup sur la bouche, & l'autre sur l'oreille droite, ce qui le fit tressaillir comme quelqu'un qu'on reveille tout d'un coup ; après quoi ayant jetté les yeux sur moi & sur ceux au milieu de qui j'étois, il se rapela l'ocasion de nôtre venue, dont on lui avoit parlé auparavant. Il dit quelques mots, qu'il eut à peine prononcez, qu'un jeune homme, qui tenoit à la main une Vessie, telle que je l'ai décrite, vint se mettre à mon côté, & m'en donna quelque coups sur l'oreille droite ; mais je tâchai de lui faire comprendre par signes, que je n'avois pas besoin du secours de cet Instrument ; ce qui, à ce que j'apris dans la suite, donna au Roi & à toute sa Cour une idée peu avantageuse de mon genie. Sa Majesté autant que je pûs le conjecturer, me fit quelques Questions, & moi de ma part je lui parlai toutes les Langues que je savois. Quand nous fumes convaincus de part & d'autre que nous ne pouvions nous entendre, je fus conduit par ordre du Roi dans un Apartement de son Palais (ce Prince ayant surpassé tous ses Prédecesseurs en hospitalité à l'égard des Etrangers,) où deux Laquais eurent ordre de me servir. On m'aporta à diner, & quatre Seigneurs, que je me souvenois d'avoir vûs auprès de la personne du Roi, me firent l'honneur de manger avec moi. Nous eûmes deux services de trois plats chacun. Le premier service consistoit dans une Epaule de mouton, taillée en Triangle Æquilatére, une piece de bœuf en Rhomboide, & un Boudin en Cycloide.

A 7 L'au-

L'autre étoit de deux Canards en forme de Violons, de quelques Saucisses en forme de Flutes, & d'une Poitrine de Veau en forme de Harpe. Les Valets coupérent nôtre pain en Cones, en Cylindres, en Parallelogrammes, & en plusieurs autres Figures de Mathematiques.

Pendant que nous étions à table, je pris la liberté de demander le nom de plusieurs choses, & ces Seigneurs moyenant l'assistance de leurs *Reveilleurs*, eurent la bonté de me les dire, dans l'esperance que j'aurois une admiration infinie pour leur habileté, si je pouvois parvenir à lier conversation avec eux. Je fus bientôt en état de demander du pain, à boire, & d'autres choses dont j'avois besoin.

Après le diner ma Compagnie me quitta, & quelqu'un accompagné d'un *Reveilleur* me fut envoyé par ordre du Roi. Il aportoit avec lui plume, papier, encre, & trois ou quatre Livres; me donnant à connoître par signes qu'il venoit pour m'enseigner la Langue du pays. Je fus avec lui quatre heures, pendant lesquelles je traçai plusieurs mots arrangez en forme de colomne, avec leur Traduction à côté. Je tâchai aussi d'aprendre quelques courtes phrases. Pour cet éfet mon Maître faisoit faire à mon valet diferentes choses; il lui ordonnoit par exemple, de s'asseoir, de se tenir debout, de se promener, ou de faire la reverence; & à mesure qu'il exécutoit chacun de ses ordres, il me dictoit la phrase qui devoit l'exprimer. Il me montra aussi dans un de ses Livres, les

les Figures du Soleil, de la Lune, des Etoiles, du Zodiaque, des Tropiques, des Cercles Polaires, & d'un grand nombre de Plans & de Solides. Il me dicta les noms & me fit une Description exacte de tous les instrumens de Musique, qui sont en usage chez ce Peuple. Après qu'il fut parti, je plaçai tous mes mots avec leurs explications en Ordre Alphabetique. Et de cette maniére, en peu de jours, à l'aide d'une bonne Memoire, je fis de grands progrez dans leur Langue.

Le terme, que j'ai rendu, par celui d'*Isle Volante* ou *Flotante*, est dans leur Langage *Laputa*; terme, dont il n'est pas aisé de marquer la veritable Etymologie. *Lap* en vieux langage signifie *haut*, & *Untuh* un *Gouverneur*, d'où, à ce qu'ils disent, est derivé par corruption le mot de *Laputa*. Mais cette derivation ne me paroit pas naturelle. Je fis part un jour à quelques Sçavans parmi eux d'une conjecture faite à cet égard, & je demandai si *Laputa*, ne pourroit pas venir de *Lap outed*; *Lap* signifiant proprement le mouvement des Rayons du Soleil dans la Mer & *outed* une Aile; conjecture sur la justesse de laquelle je permets à mes Lecteurs de prononcer.

Ceux à qui le Roi m'avoit confié remarquant combien j'étois mal habillé, donnerent ordre à un Tailleur de venir le lendemain, & de me prendre mesure pour un habillement complet. Cet Ouvrier le fit, mais d'une maniére toute diferente de celle qui est en vogue en *Europe*. Il prit d'abord ma hauteur

teur à l'aide d'un quart de Cercle, & puis par le moyen d'une Regle & d'un Compas, il decrivit sur le papier toutes les dimensions de mon corps, & six jours après il m'aporta mes habits parfaitement mal faits, parce qu'il s'étoit mepris dans une Figure : Mais ce qui me consola, c'est que je remarquai que ces sortes d'accidens étoient fort ordinaires, & qu'on ne s'en mettoit guères en peine.

Pendant qu'on travailloit à mes habits, & durant une petite indisposition, qui ensuite me tint encore quelques jours au Logis, j'ajoutai un grand nombre de mots à mon Dictionnaire, & quand après cela j'allai à la Cour, je fus capable d'entendre plusieurs choses que le Roi me disoit, & de lui repondre tellement quellement. Sa Majesté avoit ordonné, que le mouvement de l'Isle seroit dirigé au Nord-Est, vers le point vertical au dessus de *Lagado*, la Capitale de tout le Royaume. Cette Ville étoit à la distance de quatre vingt dix lieües, & nôtre Voyage ne dura que quatre jours & demi : cependant je puis protester que pendant tout ce tems je ne m'aperçus pas que nôtre Isle eût le moindre mouvement.

Elle s'arrêta, par l'ordre que sa Majesté en avoit donné, sur quelques Villes, dont les Habitans avoient quelques Placets à presenter. Pour cet éfet on faisoit descendre plusieurs Ficelles avec quelques poids attachez au bout. Le peuple mettoit à ces Ficelles ses placets, qu'on tiroit ensuite en haut. Quelquefois nous recevions d'en bas du Vin & des Provisions, par le moyen de quelques poulies.

Ce que je sçavois en Mathematiques me fut d'un grand secours pour aprendre leur langue, dont la plûpart des termes ont raport à cette Science & à la Musique, dans laquelle je puis me vanter de n'être pas tout à fait ignorant. Les Lignes & les Figures sont les objets continuels de leurs meditations. S'ils veulent, par exemple, loüer la Beauté d'une Femme ou de quelqu'autre Animal, ils font entrer dans leur Eloge, des Rhomboïdes, des Cercles, des Parallelogrammes, des Ellipses, & d'autres Figures Geometriques, ou bien des termes de Musique. J'observai dans la Cuisine du Roi toutes sortes d'Instrumens de Mathematiques & de Musique, dont les Figures servent de modelle aux Mets qui doivent être servis sur la Table de sa Majesté.

Leurs Maisons sont mal bâties, & j'ai remarqué qu'il n'y avoit dans aucun de leurs Apartemens un seul angle droit, ce qui vient du mepris qu'ils ont pour la Geometrie pratique, qu'ils rejettent comme trop mechanique; & par malheur leurs Architectes n'ont pas l'esprit de comprendre leurs demonstrations abstraites; stupidité dont les Bâtimens pâtissent.

Les *Laputiens* sont generalement mauvais Raisonneurs, & fort contredisans, excepté quand il leur arrive d'avoir raison, ce qui est fort rare. Imagination & Invention sont des choses qu'ils ne connoissent pas, & pour lesquelles ils n'ont pas même de Termes

mes dans leur langue ; toutes les penſées de leurs ames étant bornées, & en quelque ſorte conſacrées aux deux ſciences dont je viens de faire mention.

La plûpart d'entr'eux, & principalement ceux qui s'apliquent à l'étude de l'Aſtronomie, ſont grands Partiſans de l'Aſtrologie judiciaire : quoi qu'ils ayent honte de l'avoüer publiquement. Mais ce que j'admirai principalement, & ce qui me parut en même tems incomprehenſible, eſt leur extrême curioſité pour les affaires politiques, & leur éternelle Fureur de prononcer & de diſputer ſur tout ce qui regarde le Gouvernement & l'Etat. J'ai remarqué à la verité que c'étoit une maladie ordinaire à la plûpart des Mathematiciens que j'ai connus en *Europe*, mais cela n'empêche pas que je ne ſçache point quel raport il peut y avoir entre cette manie & leur profeſſion, à moins qu'ils ne ſupoſent que, comme un petit cercle n'a pas plus de Degrez qu'un grand, il s'enſuive qu'il ne faille pas plus d'habileté pour gouverner le Monde, que pour tourner un Globe en diferens ſens. Mais je ſuis plus porté à croire que ce travers vient d'un défaut commun à la Nature humaine, qui nous rend le plus curieux des affaires qui nous concernent le moins, & pour leſquelles nous avons le moins de Talent.

Ce Peuple eſt dans des inquietudes perpetuelles, ne goutant jamais un ſeul inſtant de repos ; & leurs inquietudes viennent de cauſes qui n'afectent point du tout le reſte des hommes. Ils craignent qu'il n'arrive de de certains changemens dans les corps Celestes. Par exemple, que la Terre, si le Soleil continuë toûjours à s'en aprocher, avec le tems ne vienne à être engloutie dans cet Astre. Que la superficie du Soleil ne soit peu à peu couverte d'une croute, qui l'empêche enfin de nous faire part de sa chaleur & de sa lumiere. Ils content qu'il ne s'en est que peu falu que la derniere Comête qui a paru, n'ait donné contre nôtre Terre, ce qui l'auroit infailliblement reduite en cendres; & que celle qui doit paroître la Premiére (ce qui sera dans trente & un an, suivant leur calcul,) la doit détruire selon toutes les aparences : Car dans son perihelie elle doit assez aprocher du Soleil pour concevoir un degré de chaleur dix mille fois plus grand que celui d'un Fer ardent ; & après avoir quitté le Soleil, trainer après elle une queuë flamboyante, qui sera longue de plus de quatre cens mille lieuës ; par laquelle si la Terre passe à la distance de trente mille lieuës du corps de la Comete, elle ne peut manquer d'être mise en Feu & reduite en Cendres. Que le Soleil perdant chaque jour de ses rayons sans recevoir quelque Aliment qui repare cette perte, s'éteindra à la fin comme une Chandelle, ce qui emportera necessairement la destruction de nôtre terre, & de toutes les Planetes qui empruntent leur lumiere de lui.

Ces sortes de frayeurs leur donnent si peu de relâche, qu'ils ne sçauroient jamais dormir tranquillement, ni gouter les douceurs ordinaires de la vie. Quand ils renconcontrent le matin quelques-uns de leurs Amis, leur premiere question roule sur la santé du Soleil, comment il paroissoit se porter à son coucher & à son lever, & s'il y a quelque espoir d'éviter la rencontre de la Comete prochaine. On leur voit prendre dans des conversations de ce genre, la même sorte de plaisir que les Enfans prennent à entendre raconter des Histoires de Spectres & de Revenans; Histoires qu'ils écoutent avec la plus avide curiosité, mais qui leur laissent une impression de frayeur qui les empêche de s'aller coucher.

Les Femmes de l'Isle ont beaucoup de vivacité, elles meprisent leurs Maris, & sont Folles des Etrangers. C'est parmi eux que les Dames choisissent leurs Galans : Mais le mal est, qu'ils peuvent faire l'amour trop à leur aise, & avec trop de tranquilité ; car l'Epoux est toûjours si enfoncé dans ses meditations, que l'Amant & la Maîtresse en viendroient aux plus grandes familiaritez en sa presence, qu'il ne s'en apercevroit pas, pourvu seulement qu'il eût du Papier & ses Instrumens, & que son *Reveilleur* ne fût pas à ses côtez.

Les Femmes & les Filles se plaignent amérement d'être renfermées dans cette Isle, quoiqu'à mon avis ce soit le plus beau pays du Monde; & quoi qu'elles y vivent dans toute l'abondance imaginable, & de la maniére du monde la plus magnifique, & qu'il leur soit permis de faire ce qu'elles veulent, elles meurent d'envie de voir le Monde, & de gouter les plaisirs de la Capitale, ce qui ne leur

leur est pas permis, à moins que d'en avoir une permission particuliere du Roi ; & cette permission n'est pas aisée à obtenir, parce que la plûpart des Maris ont éprouvé combien il est difficile de faire revenir leurs Femmes de là. On m'a conté qu'une Dame du premier rang, qui avoit plusieurs Enfans, & qui étoit mariée au Premier Ministre, un des plus riches Seigneurs du Royaume, qui l'aimoit à la fureur, & avec qui elle demeuroit dans un des plus beaux Palais de l'Isle, fit le voyage de *Lagado*, sous pretexte que l'Air y étoit meilleur pour sa santé ; qu'elle s'y tint caché pendant quelques mois, jusqu'à ce que le Roi eût envoyé contre elle une prise de corps, & qu'on la trouva dans un Cabaret borgne, toute enguenillée, ayant mis ses Hardes en gage pour entretenir un vieux Faquin fort laid, qui la rossoit tous les jours, & de qui elle eut encore toutes les peines du monde de se separer. Son Epoux la reçut avec toute la bonté possible, & sans lui faire le moindre reproche ; aussi ne tarda-t'elle pas à faire une nouvelle Escapade, & à emporter toutes ses pierreries, pour aler rejoindre son Amant, sans qu'on en aye entendu parler depuis. Peut-être que quelqu'un de mes Lecteurs s'imaginera que je lui raconte ici une Histoire *Européenne* ou *Angloise*. Mais je le conjure de considerer que les caprices du Beau sexe ne sont pas restreints à quelque Climat ou à quelque Nation particuliére, & qu'ils ont une uniformité plus generale que tout ce qu'on peut dire.

Dans

Dans l'espace d'un mois j'avois fait d'assez jolis progrez dans leur langue, & étois en état de repondre à la plûpart des Questions du Roi, quand j'avois l'honneur de le voir. Sa Majesté ne me marqua pas la moindre curiosité touchant les Loix, le Gouvernement, l'Histoire, la Religion, ou les Coûtumes des païs où j'avois été ; mais borna toutes ses Demandes aux seules Mathematiques, & écouta ce que je lui dis sur ce sujet avec beaucoup de mepris & d'indiference, quoi que les deux *Reveilleurs* qu'il avoit à ses côtez s'aquitassent soigneusement de leur Emploi.

CHAPITRE III.

Phenomêne expliqué par le secours de la Philosophie & de l'Astronomie Moderne. Habileté des Laputiens *dans la derniére de ces deux sciences. Methode du Roi pour reprimer les soulevemens.*

JE demandai permission à ce Prince d'aler voir les Curiositez de l'Isle, ce qu'il m'acorda fort gracieusement, en donnant ordre en même tems à mon Precepteur de m'acompagner. Ma principale envie étoit de sçavoir à quelle cause, soit dans l'Art soit dans la Nature, cette Isle devoit ses diferens mouvemens : & c'est de quoi je vai à present faire part à mes Lecteurs.

L'Is-

L'Isle volante ou flotante est exactement circulaire : son diametre est de 7837. Verges, c'est-à-dire, d'environ quatre miles & demi, & par consequent, contient dix mille acres. Elle a trois cent verges d'épaisseur, son côté inferieur, est une espece de planche de Diamant fort unie, qui s'étend jusqu'à la hauteur de plus de deux cent verges. Au dessus de cette couche de Diamant sont les diferens mineraux dans l'ordre acoutumé, & puis une envelope de Terreau fort gras de dix à douze pieds d'épaisseur. La pente du côté superieur, depuis la circonference jusqu'au centre, est la cause naturelle pourquoi les rosées & les pluyes qui tombent sur l'Isle, se rendent par de petits Ruisseaux vers le milieu, où elles sont englouties dans quatre larges Bassins, dont chacun a une demi mile de circuit, & est éloigné de deux cent verges du centre : L'Eau de ces Bassins se convertit chaque jour en vapeurs par la chaleur du Soleil, ce qui empêche qu'ils ne debordent. Sans compter, que comme il depend du Monarque de faire monter l'Isle au dessus de la Region des nuées & des vapeurs, il peut, quand il veut, la garantir des pluyes & des rosées. Car les plus hautes nuées ne sont qu'à la distance de deux miles, de l'aveu de tous les Naturalistes. Ce qu'il y a de sûr, c'est que dans ce pays elles ne montent jamais qu'à cette hauteur.

Au centre de l'Isle il y a une Ouverture de cinquante Verges de diametre ; par où les Astronomes descendent dans un grand Dôme, qui se nomme à cause de cela *Flando-*
la

la Gagnole, ou la *Caverne des Aſtronomes*, ſitué à la profondeur de cent verges plus bas que la ſuperficie ſuperieure de Diamant. Dans cette Caverne brulent continuellement vingt Lampes, dont la lumiére refléchie ſur des murailles de Diamant a un éclat inexprimable. L'Endroit eſt rempli de Quarts de Cercle, de Teleſcopes, d'Aſtrolabes, & d'autres Inſtrumens Aſtronomiques. Mais l'objet le plus curieux, & duquel depend la deſtinée de l'Iſle, eſt un Aiman d'une grandeur prodigieuſe, & d'une figure aſſez ſemblable à la Navette d'un Tiſſeran. Cet Aiman a ſix verges de longueur & trois d'épaiſſeur. Il eſt ſoutenu par un Axe de Diamant très fort qui paſſe au milieu, & ſur lequel il tourne; & eſt dans un équilibre ſi exact, que le moindre atouchement eſt capable de le mouvoir. De plus, il eſt entouré d'une Cylindre creux de Diamant, qui a quatre pieds de profondeur, autant d'épaiſſeur, & douze verges en diametre, placé horizontalement, & ſoutenu par huit pieds de Diamant, dont chacun à ſix Verges de hauteur. Au milieu du côté concave, il y a une Rainure de douze pieds de profondeur, dans laquelle les extremitez de l'Axe ſont placées, & tournent quand il le faut.

Il n'y a point de force qui puiſſe ôter cette pierre de ſa place, parce que le Cerceau qui l'environne, & les pieds ſur leſquels elle eſt apuyée, font une continuation de ce corps de Diamant qui forme le deſſus de l'Iſle.

Par le moyen de cet Aiman, on fait baiſ-
ſer

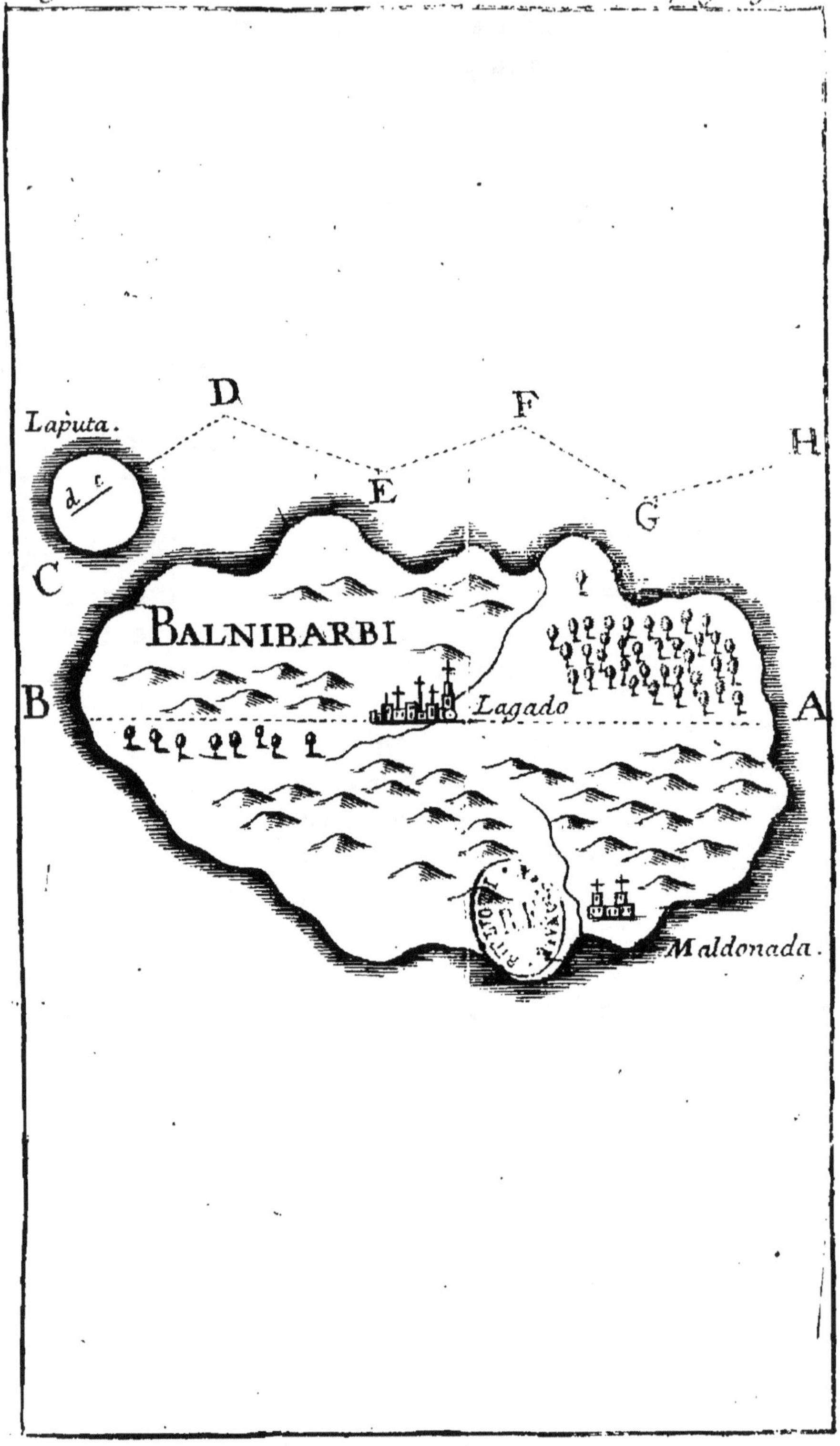

Fig. IV.   Tom. II. pag. 23.

Laputa.
D   F   H
    E   G
C
  BALNIBARBI
B   Lagado   A

Maldonada.

ser, baisser, & mouvoir l'Isle d'un endroit à un autre. Car, par raport à cette partie de la Terre sur laquelle l'Empire de sa Majesté s'étend, la pierre est douée à un de ses côtez d'un pouvoir attractif, & d'un pouvoir repulsif à l'autre. En tournant le bout attractif de l'Aiman vers la Terre, l'Isle décend : & au contraire elle monte directement en haut, quand le bout repulsif regarde la Terre. Quand la position de la pierre est oblique, le mouvement de l'Isle l'est aussi. Car dans cet Aiman, les forces agissent toûjours en lignes parallèles à sa direction.

Par ce mouvement oblique, l'Isle est transportée vers les differens endroits de la Domination du Monarque. Pour mieux expliquer ceci, posons que *A B* soit une ligne tirée à travers du Royaume de *Balnibarbi*, que la ligne *c d* represente la pierre d'Aiman, dont *d* soit le bout repulsif, & *c* l'attractif, l'Isle étant placée sur *C*; que la position de la pierre soit *c d* avec le bout repulsif en bas ; alors je dis, que l'Isle montera en ligne oblique vers *D*. Quand elle sera arrivée au point *D*, que la pierre soit tournée sur son Axe jusqu'à ce que son bout attractif soit pointé vers *E*, je dis que l'Isle sera portée obliquement vers *E*; ou si la pierre est de nouveau tournée sur son Axe jusqu'à ce qu'elle soit dans la position *E F* avec son bout repulsif en bas, l'Isle montera obliquement vers *F*, ou si l'on dirige le bout attractif vers *G*, & de *G* vers *H*, en tournant la pierre, de manière que son bout repulsif soit directement en bas. Et ainsi en changeant la situation de la pierre auſſi ſouvent qu'il eſt neceſſaire, l'Iſle monte ou décend, ou ſe meut en Lignes plus ou moins obliques, & par là eſt tranſ- portée d'un endroit de la Domination à l'au- tre.

Mais il faut remarquer que cette Iſle ne ſçauroit être portée plus loin que ne s'é- tend l'Empire du Roi, ni monter à la hau- teur de plus de quatre miles. De quoi les Aſtronomes (qui ont compoſé de grands vo- lumes pour expliquer les Merveilles de cet- te pierre) rendent la raiſon ſuivante: Que la vertu Magnetique ne s'étend pas au delà de quatre miles, & que le Mineral qui agit ſur la pierre dans les entrailles de la Terre, & dans la Mer juſqu'à ſix lieuës ou environ de la Côte, n'eſt pas repanduë par tout le Globe, mais a les mêmes Limites que la Domination du Roi, & il ſeroit aiſé à un Prince, par le grand Avantage qu'il tireroit d'une pareille ſituation, de reduire ſous ſon obéïſſance tous les Pays à l'égard deſquels l'Aiman de ſon Iſle auroit les mêmes pro- prietez.

Quand cette pierre eſt parallèle à l'Hori- ſon, l'Iſle eſt arrêtée; car dans ce cas, les deux bouts en étant à diſtance égale de la Terre, agiſſent avec égale Force, l'un ti- rant en bas, & l'autre pouſſant en haut, d'où il s'enſuit qu'il ne ſçauroit y avoir de mouve- ment.

Cet Aiman eſt confié aux ſoins de certains Aſtronomes, qui lui donnent de tems en tems les poſitions que le Monarque veut. Ils employent la plus grande portion de leur vie
à

à observer les corps Celestes, ce qu'ils font avec des Lunettes infiniment plus excellentes que les nôtres. Cet avantage les a mis en état d'étendre leurs Decouvertes beaucoup plus loin que nos Astronomes en *Europe*; puis qu'ils ont fait un Catalogue de dix mille Etoiles fixes, au lieu que le plus complet des nôtres n'en contient qu'environ la troisiéme partie de ce nombre. Ils ont aussi découvert deux *Satellites* de *Mars*, dont l'un est éloigné du centre de cette Planète de trois de ses Diametres, & l'autre de cinq; celui-ci tourne sur son centre en vingt-une heure & demie, & celui-là en dix; si bien que les Quarrez de leurs Tems periodiques sont à peu près en même proportion avec les Cubes de leur distance du Centre de *Mars*, ce qui montre évidemment qu'ils sont gouvernez par la même Loi de Gravitation, à laquelle les autres Corps Celestes sont soumis.

Ils ont observé quatre-vingt & treize Cométes diferentes, & marqué leurs retours periodiques avec grande exactitude. Si cela est bien vrai, (& ils l'assurent fort positivement) il seroit extrêmement à souhaiter que leurs Observations fussent rendues publiques, parce qu'elles pourroient servir à porter la Theorie des Cométes, qui jusqu'à présent est fort defectueuse, au même point de perfection, où les autres parties de l'Astronomie ont ateint.

Le Roi seroit le Prince de l'Univers le plus absolu, s'il pouvoit seulement persuader à ses Ministres de s'unir étroitement avec lui ; mais comme les Biens de ceux-ci sont situez au Continent, & qu'ils considerent d'ailleurs que l'Emploi de Favori est la chose du monde la plus fragile, ils n'ont jamais voulu consentir que leur Patrie fût reduite en Esclavage.

Quand quelque Ville se rebelle, est dechirée par de violentes Factions, ou refuse de payer au Roi les tributs ordinaires, ce Monarque a deux methodes de la remettre dans son Devoir. La premiere & la plus douce est de mettre l'Isle au dessus de cette Ville & du pays d'alentour, afin d'intercepter la pluye & la chaleur du Soleil, ce qui produit aussi-tôt une Consternation generale, & ne tarde guères à causer des maladies parmi les Habitans. Que si leur crime le merite, on leur jette de l'Isle de grandes pierres, dont ils n'ont qu'un seul moyen de se garentir, qui est de se fourrer dans des Cavernes ou dans des Caves, pendant que les Toits de leurs Maisons sont mis en piéces. Mais si malgré cela ils continuent dans leur obstination, ou prétendent se revolter, le Roi en vient au dernier Remède, qui est de laisser tomber l'Isle directement sur leurs Têtes, ce qui détruit en même tems les Maisons de la Ville & ses Habitans. Cependant, c'est une Extremité à laquelle ce Prince veut rarement venir, & que même il n'a jamais veritablement le dessein d'executer : d'ailleurs, ses Ministres n'oseroient jamais lui conseiller une Action, qui non seulement les rendroit odieux au peuple, mais ruineroit aussi leurs propres possessions, qui sont

tou-

toutes situées au Continent, car l'Isle est le Domaine du Roi.

Mais il a une raison encore plus importante, pourquoi les Rois de ce pays ont tant d'éloignement à executer une si terrible vengeance, à moins d'une extrême necessité. Car si dans la Ville qu'on voudroit détruire, il y avoit seulement quelques grands Rochers, comme il y en a dans presque toutes les grandes Citez, qui, selon toutes les aparences ont été bâties dans des endroits propres à empêcher une pareille Catastrophe; une chute un peu forte pourroit endommager la surface inferieure de l'Isle, qui, quoi qu'elle consiste, comme je l'ai dit, dans un seul Diamant de deux cent Verges d'épaisseur, pourroit se casser par un choc trop violent, ou se fendre en aprochant trop des feux allumez dans les Maisons de la Ville, comme cela arrive souvent aux plaques de fer ou de pierre dans nos Cheminées. Le Peuple fait tout cela à Merveille, & a l'habileté de porter son obstination precisément au point où il faut, quand il s'agit de sa Liberté ou de ses Biens. Et le Roi quand il est le plus irrité, & le plus resolu de détruire la Ville de fond en comble, ordonne qu'on fasse décendre l'Isle fort doucement, sous pretexte de la grande Tendresse qu'il a pour son Peuple, mais dans le fond, de peur de rompre la surface de Diamant; en quel cas tous leurs Philosophes sont persuadez que la pierre d'Aiman ne pourroit plus la soutenir.

Par une Loi fondamentale de ce Royaume, il n'est permis ni au Roi ni à aucun de ses

ses deux Fils Aînez, de quiter l'Isle ; pour la Reine, elle en a la permission, pourvû qu'elle ait passé l'Age d'avoir des Enfans.

CHAPITRE IV.

L'Auteur quite Laputa, *est conduit à Bal-nibarbi, & arrive à la Capitale. Description de cette Ville & du pays adjacent. Hospitalité avec laquelle il est reçu par un Grand Seigneur. Sa conversation avec lui.*

Quoique je n'eusse pas lieu de me plaindre de la maniére dont j'étois traité dans cette Isle, j'y étois néanmoins trop negligé, & il entroit dans cette Negligence un peu de mepris. Car ni le Prince ni que ce soit de son Peuple, n'avoit de curiosité pour aucune science, excepté les Mathematiques & la Musique, que j'entendois très peu en comparaison d'eux ; Ce qui étoit cause qu'on faisoit très peu de cas de moi.

D'un autre côté, ayant vu toutes les curiositez de l'Isle, j'avois grande envie de la quiter, parce que j'étois souverainement las de ce Peuple. Il est bien vrai qu'ils excelloient en deux sciences pour lesquelles j'ay toûjours eu beaucoup d'estime, & dans lesquelles j'ose dire n'être pas tout à fait ignorant ; mais en recompense ils étoient con-
ti-

tinuellement si fort enfoncez dans leurs speculations, qu'il est impossible de trouver des gens d'un commerce plus desagreable. Je ne frequentois que des Femmes, des Marchands, des *Reveilleurs* & des Pages de Cour, pendant les deux mois que je passai là, ce qui me fit tomber à la fin dans un mepris general: Mais qu'y faire? C'étoient les seules personnes dont je pouvois recevoir une reponse raisonnable.

A force d'aplication, j'avois déjà fait de grands progrez dans la connoissance de leur Langue: J'étois las d'être confiné dans une Isle où je faisois une si sote figure, & resolus de la quitter à la premiére ocasion.

Il y avoit à la Cour un Grand Seigneur, assez proche parent du Roi, & respecté pour cette seule raison. Il passoit parmi eux pour le personnage le plus stupide & le plus ignorant de tout le Royaume. Il avoit rendu plusieurs fois de grands services à la Couronne, & possedoit d'excellentes qualitez de cœur & d'esprit, mais il avoit une si mauvaise oreille pour la Musique, que ses Ennemis l'accusoient d'avoir souvent batu la mesure à faux. On ne sçauroit croire les peines que ses Precepteurs avoient euës à lui démontrer une seule proposition de Geometrie, & qui étoit encore des plus aisées. Il me donna plusieurs marques de Bienveuillance, me fit souvent l'honneur de me venir voir, & me pria de l'informer des Affaires de l'*Europe*, aussi bien que des Loix, des Coutumes, & des Sciences qui sont en vogue dans les diferens

rens pays où j'avois voyagé. Il m'écouta avec une extrême attention, & fit d'excellentes Remarques sur tout ce que je lui dis. Le Rang qu'il tenoit à la Cour, l'obligeoit à avoir deux Réveilleurs à ses gages, mais il ne s'en servoit jamais, excepté en présence du Roi, ou dans quelques visites de Ceremonie, & les faisoit toûjours sortir quand nous étions seuls ensemble.

Je priai ce Seigneur d'interceder en ma faveur auprès du Roy pour qu'il me permît de partir: il se chargea de la Commission, quoique, à ce qu'il eut la bonté de me dire, à regret: Car il m'avoit fait plusieurs offres très avantageuses, que je refusai néanmoins avec mille protestations d'une éternelle Reconnoissance.

Le seiziéme de *Fevrier*, je pris congé de Sa Majesté & de toute sa Cour. Le Roi me fit un present de la valeur de deux cent guinées, & mon Protecteur son parent m'en fit un plus considerable encore, auquel il joignit une Lettre de Recommandation pour un Ami qu'il avoit à *Lagado*, la Capitale: L'Isle étant alors au dessus d'une Montagne, qui n'étoit qu'à la distance de deux miles de cette Ville, je fus décendu de la plus basse Galerie, de la même maniére dont on m'y avoit tiré.

Le Continent, pour autant que s'étend la Domination du Monarque de l'*Isle Flotante*, porte le nom general de *Balnibarbi*, & la Capitale, comme je l'ai déjà dit, se nomme *Lagado*. Je n'eus pas un mediocre

plai-

plaisir de me trouver en Terre ferme. Je me promenai vers la Ville sans rien craindre, étant habillé comme un des Naturels du païs, & sçachant assez la Langue pour me faire entendre d'eux. Je trouvai facilement la Maison de celui à qui j'étois recommandé, & lui presentai la Lettre de son Ami. Il est impossible de recevoir quelqu'un d'une maniére plus obligeante que me le fit ce Seigneur, qui s'apelloit *Munodi* ; il me fit donner un Apartement chez lui, où je restai pendant tout le tems que je passai à *Lagado*.

Le lendemain de mon arrivée, il me prit dans son Chariot pour voir la Ville, qui est environ à moitié aussi grande que celle de *Londres*, mais les Maisons en sont mal bâties, & tombent presque toutes en ruines.

Le peuple marche vîte dans les Ruës, a l'Air égaré, & n'est presque habillé que de guenilles. Nous passames par une des portes de la Ville, & fimes trois miles dans le pays, où je vis plusieurs Laboureurs qui remuoient la Terre avec differentes sortes d'Instrumens, mais jamais je ne pus deviner quel étoit leur dessein, ni n'aperçus en aucun endroit du Bled ou de l'Herbe, quoi que le Terroir parût y être excellent. Ce que je venois de voir dans la Ville, & ce que je voyois à la Campagne, me fit prendre la hardiesse de demander à mon Conducteur qu'il voulût m'expliquer ce que signifioit ce nombre prodigieux de Têtes & de Mains occupées, tant dans les Ruës que dans les Champs, parce que je ne m'apercevois pas qu'il en résultât quelque chose ; mais qu'au contraire, je n'avois jamais vû de Terroir plus mal cultivé, de Maisons si mal bâties, & qui tombassent plus en ruines, ou un Peuple dont la Contenance & l'Habillement exprimassent une plus profonde misère. Ce *Munodi* étoit un Seigneur du premier Rang, & avoit été pendant quelques années Gouverneur de *Lagado*, mais une Cabale de Ministres lui avoit fait ôter le Gouvernement. Cependant le Roi le traitoit toûjours avec beaucoup de bonté, comme un sujet fort bien intentionné, mais très petit genie.

Quand je lui fis cette Censure du pays & de ses habitans, il ne me repondit rien, sinon, que je n'avois pas été assez long-tems parmi eux pour être en état de former quelque jugement ; & que chaque Nation du monde a ses Coutumes, avec quelques autres Lieux communs du même genre. Mais quand nous fumes de retour à son Palais, il me demanda ce qu'il me sembloit de ce Bâtiment, quels défauts j'y avois remarquez, & ce que je disois de l'Air & de l'Habillement de ses Domestiques. Il ne couroit pas grand risque en me faisant ces sortes de questions, parce que tout ce qui étoit chez lui étoit de la plus grande Regularité, & de la derniére Magnificence. Je repondis que la Sagesse, la Qualité & les Richesses de son Excellence l'avoient mise à couvert des Defauts que la Folie & la Gueuserie avoient produits dans les

les autres. Il dit que si je voulois l'acompagner à sa Maison de campagne, qui étoit à la distance de vingt miles de la Capitale, & où ses Biens étoient situez, nous aurions le loisir de causer plus à nôtre aise sur ce sujet. Je lui repondis, que j'étois entiérement à ses ordres: & nôtre petit Voyage ne fut renvoyé qu'au lendemain.

Pendant que nous étions en chemin, il me fit remarquer les differentes methodes dont les Fermiers se servent pour cultiver & pour faire profiter leurs Terres: Methodes qui me parurent absolument incomprehensibles, car excepté quelques endroits, en fort petit nombre, je ne vis nulle part aucun Tuyau de bled, ni pas même le moindre brin d'Herbe. Mais trois heures après ce fut toute autre chose; nous vinmes dans le plus beau païs du Monde. Des Maisons de Fermiers bien bâties, y étoient à une petite distance les unes des autres: les Champs bordez de hayes, contenoient des Vignes, du Bled, ou des Prairies. Je ne me souvenois pas d'avoir jamais rien vû de plus charmant. Son Excellence remarqua la joye qui venoit de se peindre sur mon visage, & me dit en souriant, que c'étoit là où commençoient ses Terres, & que nous passerions toûjours dessus jusqu'à ce que nous fussions arrivez à sa Maison. Que les gens du pays le tournoient en ridicule & le meprisoient, à cause qu'il ne prenoit pas mieux soin de ses affaires, & donnoit à tout le Royaume un si pernicieux Exemple, qui cependant n'étoit suivi que de très peu de personnes.

Nous arrivâmes enfin à la Maison, qui étoit un superbe Bâtiment, construit suivant les meilleures Règles de l'ancienne Architecture : Fontaines, Jardins, Promenades, Avenuës, Grotes, tout étoit fait & disposé avec jugement & avec goût. Je loüois chaque chose que je voyois, sans que son Excellence fît semblant de le remarquer ; mais après soupé, quand nous fumes seuls, il me dit d'un air melancolique, qu'il étoit dans l'aprehension qu'on ne l'obligeât de faire jetter en bas ses Maisons en Ville & à la Campagne, pour les rebâtir à la nouvelle mode : de detruire toutes ses Plantations, pour en faire d'autres dans la forme prescrite par l'usage moderne : & de donner les mêmes ordres à tous ses Fermiers : qu'à moins de cela il s'exposeroit à être accusé d'Orgueil, d'Esprit de singularité, d'Affectation, d'Ignorance, & de Caprice, & s'attireroit peut-être la colère & l'indignation de sa Majesté.

Il ajouta, que l'Admiration que je paroissois avoir, s'évanoüiroit bien tôt, quand il m'auroit informé de quelques particularitez, dont selon toutes les aparences, on ne m'avoit pas instruit à la Cour ; les gens y étant trop ocupez de leurs propres speculations, pour se mettre en peine de ce qui se passe icy bas.

Il y a environ quarante ans, me dit-il, que quelques personnes firent le Voyage de *Laputa*, soit pour Affaires, soit par plaisir, & après y avoir passé cinq mois, revinrent avec une assez legére teinture des Mathematitiques, mais pleins d'esprits volatils aquis dans cette Region Aërienne. Que ces personnes étant de retour, commencérent à blâmer tout sans exception, & formérent le dessein de mettre les Arts, les Sciences, le Langage & les Mechaniques sur un nouveau pied. Pour cet effet, ils firent en sorte d'obtenir des Lettres patentes pour l'erection d'une Academie de Faiseurs de projets à *Lagado*; & cette espèce de maladie fut si contagieuse, que bientôt il n'y eût pas une seule Ville tant soit peu considerable dans le Royaume, qui n'eût son Academie particuliére. Dans ces Colleges, les Professeurs inventent de nouvelles maniéres de cultiver les Terres, & de bâtir des Maisons, aussi bien que de nouveaux Instrumens pour tous les Metiers, & pour les Manufactures: Instrumens si admirables qu'en s'en servant un seul Homme est capable de faire l'ouvrage de dix, & un Palais peut être bâti dans une semaine, de Materiaux si durables qu'il ne soit pas necessaire d'y faire jamais la moindre reparation. Ils cherchent aussi des methodes pour faire meurir tous les Fruits de la terre dans quelque saison que ce soit, & pour les faire devenir cent fois plus gros qu'ils ne sont à present. Le seul inconvenient qu'il y a, c'est qu'aucun de ces projets n'est encore bien perfectionné, & que pendant ce tems-là tout le pays est dans un état deplorable, que les Maisons tombent en ruines, & que le peuple se trouve sans nouriture & sans habits. Ce qui, bien loin de les decourager, ne sert qu'à allumer davantage en eux la Fureur des projets. Que pour lui, qui n'étoit pas un esprit entreprenant, il étoit content de suivre le chemin batu, de vivre dans les Maisons que ses Ancêtres avoient bâties, & de ne rien innover dans la plûpart des choses de la vie. Que quelques personnes de Qualité, & quelques autres de moindre rang, étoient dans les mêmes sentimens que lui, mais qu'on les regardoit d'un œil de mepris, comme étant des ignorans & de mauvais Citoyens, qui préferoient leur commodité particuliére à l'avantage general du païs.

Ce Seigneur ajouta, qu'il ne vouloit pas en entrant dans un plus grand détail, diminuer le plaisir que je prendrois à visiter leur grande Academie, où il me conseilloit d'aller. Il me pria seulement de jetter les yeux sur un Edifice ruiné, qui étoit sur le penchant d'une Montagne à trois miles de nous, & dont voici l'Histoire. J'avois, continua-t-il, à une demi mile de ma Maison un fort bon Moulin, qui tournoit par le moyen d'une assez grande Riviére, & dont je tirois, aussi bien que mes Fermiers, tout l'usage que nous en pouvions souhaiter. Il y a environ sept ans qu'une societé de ces Faiseurs de projets vint me proposer de detruire ce Moulin, & d'en bâtir un autre sur le côté de cette Montagne, au haut de laquelle, disoient-ils, il faloit faire un Canal, qui seroit une manière de Reservoir, dans lequel on feroit venir l'eau par le moyen de plusieurs Tuyaux, & qui pourroit ensuite en fournir au moulin. Parce que le Vent & l'Air donnoient

noient à l'Eau quand elle est sur une hauteur, un nouveau degré d'agitation, & par cela même la rendent plus propre au mouvement. Et parce que l'Eau descendant plus en pente pouvoit plus aisément faire aller le Moulin que ne feroit une Rivière dont le cours est plus de niveau. Et comme je n'étois pas alors fort bien en Cour, poursuivit-il, & que d'ailleurs plusieurs de mes Amis m'empressoient, je souscrivis au projet ; & après avoir fait travailler une centaine d'hommes pendant deux ans, l'Ouvrage manqua, & les faiseurs de projets se retirérent, rejettant le manque de succès sur moi, & conjurant tous ceux qui avoient des Moulins à eau sur des Rivières, d'en faire bâtir sur quelque Montagne, pour me convaincre par expérience du tort que je me faisois.

Peu de jours après nous fumes de retour à la Ville, & son Excellence considérant qu'il n'étoit pas en fort bonne odeur à l'Academie, ne voulut pas y aller avec moi, mais me recommanda à un de ses Amis pour m'y accompagner. Il me dépeignit à cet Ami comme un grand Admirateur de projets, extraordinairement curieux, & fort credule, ce qui étoit un peu vrai : car j'avois fait moi-même autrefois quelques projets ridicules.

CHA-

CHAPITRE V.

L'Auteur obtient la permission de voir la grande Académie de Lagado. Ample Description de cette Académie. Arts auxquels les Professeurs s'y employent.

CEtte Académie n'est pas un seul Bâtiment, mais une suite de plusieurs Maisons des deux côtez d'une Ruë, qui étant devenue deserte, a été destinée à servir de demeure aux Academiciens.

Je fus fort honnêtement reçu par le Recteur. Chaque Chambre contenoit un ou plusieurs Faiseurs de projets, & je crois qu'il y avoit bien cinq cent Chambres en tout.

Le premier Homme que je vis avoit l'air défait, le Visage & les Mains pleines de suye, les Cheveux mal peignez, la Barbe longue, & étoit d'ailleurs tout enguenillé. Ses Habits, sa Chemise, & sa Peau étoient précisément de la même couleur. Il avoit employé huit ans à préparer des Concombres pour en tirer les Rayons du Soleil, qu'il avoit dessein de mettre dans des vases scellez Hermetiquement, afin de s'en servir à rechaufer l'Air dans des Etez peu favorables. Il me dit, qu'il ne doutoit nullement que dans huit ans, il ne fût en état de fournir une raisonnable quantité de ces Rayons au

Jar-

Jardin du Gouverneur; mais il se plaignoit que ses gages étoient fort mediocres, & me pria de lui donner quelque petite chose pour l'encourager dans son travail, & pour le dedommager un peu de l'excessive cherté dont les Concombres avoient été l'année precedence. Je lui fis un petit present, car le Seigneur chez qui j'avois logé m'avoit pourvû de quelque argent dans cette vuë, parce qu'il sçavoit que c'étoit leur coutume de demander honnêtement l'Aumône, à tous ceux qui venoient les voir.

J'entrai dans une autre Chambre, mais je fus sur le point de m'en retourner sur mes pas, à cause de l'horrible puanteur que je sentis en y mettant les pieds. Mon Conducteur me poussa en avant, & me fit signe de ne faire paroître aucune marque d'Aversion ou de Degout, parce que cela seroit regardé comme une cruelle offense. Je le crus & poussai la politesse jusqu'à ne me pas seulement boucher le nez. Celui qui logeoit dans cette Cellule étoit le plus Ancien Etudiant de l'Academie. Ses Mains & ses Habits étoient tous brodez d'Ordure. Quand je lui fus presenté, il me serra tendrement entre ses bras (honnêteté dont je l'aurois volontiers dispensé.) Dès le premier instant qu'il étoit entré dans l'Academie, il s'étoit apliqué à remettre les Excremens humains dans leur état primitif, en en separant cette espéce de Teinture qu'y donne la Bile, en en faisant exhaler l'odeur, & en en ôtant la Salive. La Societé lui payoit chaque Semaine une maniére de Revenu, qui consistoit dans un

Vais-

Vaisseau rempli d'ordure humaine, pour continuer à faire ses Experiences.

Je vis un autre qui travailloit à calciner de la Glace pour en faire de la poudre à Canon, le même me montra un Traité qu'il avoit composé sur la malleabilité du Feu, & qu'il avoit dessein de publier. Il y avoit là aussi un Architecte très ingenieux, qui avoit inventé une nouvelle Methode de bâtir des Maisons, en commençant par le Toit & en finissant par les Fondemens, ce qu'il justifioit par l'exemple de deux insectes fort prudens, la Mouche à miel & l'Araignée.

Dans un autre Apartement je vis un Homme qui étoit né Aveugle, & qui avoit avec lui plusieurs Aprentifs aveugles aussi. Leur Emploi consistoit à mêler pour les Peintres des couleurs que leur Maître leur enseignoit à distinguer par le moyen de l'atouchement & du goût. Ils réussirent assez mal pendant le tems que j'étois là, & leur Professeur même s'y trompa presque toûjours.

Mais tous les projets dont je viens de parler ne sont rien en comparaison de celui dont je vai faire part à mes Lecteurs. Un de ces Ingenieux Academiciens avoit trouvé l'Art de labourer la Terre avec des Pourceaux, pour épargner la dépense qu'il faut faire en Charrues, en Bœufs, & en Ouvriers. Voici sa Methode. Dans un Acre de Terre il faut enterrer à six pouces de distance les uns des autres, & à huit de profondeur, un bon nombre de Glands ou de Dattes, que ces Animaux aiment beaucoup: Après cela

cela il faut en conduire cinq ou six cent dans l'endroit où ces Glands sont enterrez ; or ils n'y seront pas plutôt qu'ils fouilleront toute la Terre en cherchant leur Nourriture, & qu'ils la rendront propre à être ensemencée, l'engraissant en même tems de leur fiente : A la verité, après plusieurs Experiences reïterées, on a trouvé qu'il en coutoit beaucoup de peine, sans qu'on eut encore vû de Moisson. Cependant on ne doute nullement que cette Invention ne puisse encore être extrêmement perfectionnée.

Je me rendis dans une autre Chambre, qui étoit tapissée par tout de Toiles d'Araignées, excepté un petit passage fort étroit par où l'Artiste pouvoit entrer & sortir. Quand il me vit, il me cria à haute voix de ne pas toucher à ses Toiles. Quelle fatale Erreur, me dit-il, qu'on se soit servi pendant si longtems de Vers à soye, pendant que nous avons à foison des Animaux Domestiques, qui sont infiniment meilleurs que ces Vers ! D'ailleurs, ajouta-t'il, en se servant d'Araignées, on n'auroit pas à craindre l'incomodité que cause la mort des Vers à soye, dont je fus entiérement convaincu, quand il me montra un nombre prodigieux de Mouches admirablement colorées, dont il nourrissoit ses Araignées, nous assurant, que les Toiles en recevroient quelque teinture ; & que comme il en avoit de toutes les couleurs, il se flatoit de tirer de grands profits de cette Invention, dès qu'il seroit venu à bout de nourrir ses Mouches de certaines Gommes, Huiles, & autres matieres gluti-
neu-

neufes, pour donner de la Force & de la confiſtence au Fils. Un autre Academicien, qui étoit Aſtronome, avoit entrepris de placer un Cadran ſur la girouette de la Maiſon de Ville, en ajuſtant le mouvement annuel & journalier de la Terre & du Soleil, de maniére qu'ils repondiſſent exactement à tous les Mouvemens accidentels que le Vent feroit faire à la Girouette. Il m'arriva de me plaindre à mon Conducteur d'une petite ataque de Colique, ſur quoi il me conduiſit dans l'Apartement d'un grand Medecin, qui s'étoit rendu fameux par la maniére de guerir cette Maladie. Voici ſa Methode. Il rempliſſoit d'Air une Seringue d'une enorme Taille: Cet Air il le dechargeoit dans le corps du Patient; après cela il retiroit l'inſtrument pour le remplir de nouveau d'air, & à peine avoit-il fait ce Manége trois ou quatre fois, que le Vent dont le corps du Patient venoit d'être rempli, forçoit celui qui avoit cauſé la maladie à ſortir, d'où s'enſuivoit la guerifon du Malade. Il en fit l'épreuve en ma preſence ſur un Chien, qui ne ſe plaignoit pas d'avoir la Colique, mais qui en recompenſe en fut preſervé pour toûjours, car à la ſeconde décharge de la ſeringue le pauvre Animal creva. Nous laiſſames le Docteur fort ocupé à lui rendre la vie en faiſant ſortir le trop d'Air: mais je doute qu'il ait réuſſi dans cette Operation.

Je parcourus pluſieurs autres Apartemens, mais ce que j'y vis n'étant pas ſi important que ce que je viens de raconter, mes Lecteurs

teurs me pardonneront aisément de le passer sous silence.

Je n'avois vû jusqu'alors qu'un côté de l'Academie, l'autre étant habité par ceux qui s'apliquent à l'avancement des sciences speculatives, dont je dirai quelques mots, après avoir auparavant fait mention d'un Illustre personnage, qu'on nomme parmi eux l'*Artiste Universel*. Il nous dit, qu'il s'étoit apliqué pendant l'Espace de trente ans à chercher les moyens de prolonger la vie humaine. Il avoit deux grandes Chambres pleines de mille curiositez, & cinquante Hommes travailloient sous lui : les uns conduisoient l'Air dans un Vase, & avoient l'Art d'ôter de cet air toutes les particules de Nitre ou d'Eau qui pouvoient s'y trouver ; d'autres amolissoient des pieces de Marbre pour en faire des Oreillers & des Coussins. L'Artiste lui-même étoit alors occupé de deux grands projets. Le premier consistoit à ensemencer une Terre de paille, dans laquelle, disoit-il, étoit contenue la veritable vertu productrice, ce qu'il demontroit par plusieurs Raisonnemens, que je n'eus pas l'esprit de comprendre. L'autre Invention tendoit à empêcher, qu'il ne vint de la Laine aux jeunes Agneaux; ce qu'il se flatoit de faire par le moyen de quelques gommes & de quelques Mineraux apliquez extérieurement sur leur peau, & il esperoit que dans quelque tems une Race de Brebis nuës seroit repandue par tout le Royaume.

Nous fimes un Tour à l'autre côté de l'Academie, où, comme je l'ai déjà dit,
les

les Faiseurs de projets en sciences speculatives avoient leur Residence.

Le premier Professeur que je vis se tenoit dans un grand Apartement, & avoit quarante Ecoliers autour de lui. Après les premiers Complimens, remarquant que je regardois avec atention une machine, qui occupoit presque toute la Chambre, il dit que j'étois peut-être surpris de ce qu'il avoit formé le Dessein de se servir d'Operations Mechaniques pour l'augmentation des Connoissances speculatives. Mais que le Public ne tarderoit guéres à sentir l'utilité de cette Methode, & qu'il se flatoit que jamais Homme n'avoit rien inventé de plus beau. Personne n'ignore, poursuivit-il, combien est laborieuse la Methode ordinaire d'aquerir de certaines sciences ; au lieu que par l'invention, dont je vous parle, l'Homme du monde le plus ignorant, peut, avec peu de peine & presque point de Depense, écrire sur la Philosophie, la Poësie, la Politique, les Loix, les Mathematiques, & la Theologie; & cela sans avoir ni genie ni Etude. Il me fit aprocher alors de la Machine, que ses Disciples rangez en ordre, environnoient de tous côtez. Elle avoit vingt pieds en quarré, & étoit placée au milieu de la Chambre. Sa superficie étoit composée de differentes piéces de bois, d'environ la grosseur d'un Dé à joüer, mais les unes un peu plus larges que les autres. Elles étoient toutes atachées ensemble par des Fils fort deliez. Ces morceaux de Bois étoient couverts de papier exactement apliqué sur chaque Quarré, &

sur

sur ces papiers étoient écrits tous les mots de leur Langue dans leurs differens Modes, Tems, & Declinaisons, mais sans aucun ordre. Le Professeur me pria d'être attentif, parce qu'il aloit mettre sa Machine en Oeuvre. Il y avoit quarante Manches de Fer attachez autour de la Machine, dont ses Disciples par son ordre empoignérent chacun un ; après cela par un tour de main qu'ils leur donnérent, je vis que toute la disposition des mots étoit entiérement changée. Il commanda alors à trente-six de ses Ecoliers, de lire tout bas les differentes lignes qui venoient de paroître sur la machine. Que s'ils trouvoient trois ou quatre mots ensemble qui pouvoient former une partie de phrase, ils étoient obligez de les dicter aux quatre autres garçons qui étoient les Secretaires. Cet Ouvrage étoit repeté trois ou quatre fois, & à chaque fois les mots se trouvoient disposez d'une nouvelle maniére. Les jeunes Etudians employoient six heures par jour à ce Travail, & le Professeur me montra plusieurs Folio, qu'il avoit composez de differentes Phrases imparfaites, qu'il avoit Dessein de coudre ensemble, pour faire un jour de tous ces riches materiaux un systeme complet de tous les Arts & de toutes les Sciences : Dessein, disoit-il, qui pourroit être executé avec beaucoup plus de facilité & de promptitude, si le Public vouloit créer un Fond pour faire construire & mettre en Oeuvre cinq cent de ces Machines dans *Lagado*, & ordonner aux Directeurs de mettre ensemble toutes leurs Collections.

Il m'assura que depuis sa Jeunesse il avoit consacré toutes ses pensées à cette invention, qu'aucun mot de la Langue n'étoit oublié dans sa Machine, & qu'il avoit fait le calcul le plus exact de la proportion generale qu'il y a entre les nombres des Particules, des Noms, des Verbes, & des autres parties du Langage.

Je fis les plus humbles remercîmens à cet Illustre personnage de la facilité avec laquelle il venoit de me faire part d'un si beau Dessein, & lui promis, que si j'avois jamais le bonheur de revoir ma Patrie, je lui rendrois la justice de le reconnoître pour seul Inventeur de cette Merveilleuse Machine, dont je lui demandai la permission de tracer la forme sur du papier; il le voulut bien, & c'est à sa complaisance que le Lecteur a l'obligation de la Figure cy-jointe. Je lui dis que quoique ce soit la coutûme de nos Sçavans en *Europe*, de se faire honneur des Inventions d'autrui, d'où il leur revenoit au moins cet Avantage, que ce devenoit un sujet de controverse, lequel étoit le veritable Inventeur; il pouvoit néanmoins être sûr qu'à l'égard de la Machine que je venois de voir, personne ne lui disputeroit la gloire de l'invention.

Nous allames ensuite à l'Ecôle de Langage, où trois Professeurs deliberoient ensemble sur les moyens de perfectioner la Langue de leur pays.

Le premier projet étoit d'abreger les Discours, en ne laissant qu'une syllabe à tous les mots qui en avoient plusieurs, & en re-
tran-

Fig. V. Tom. II. pag.

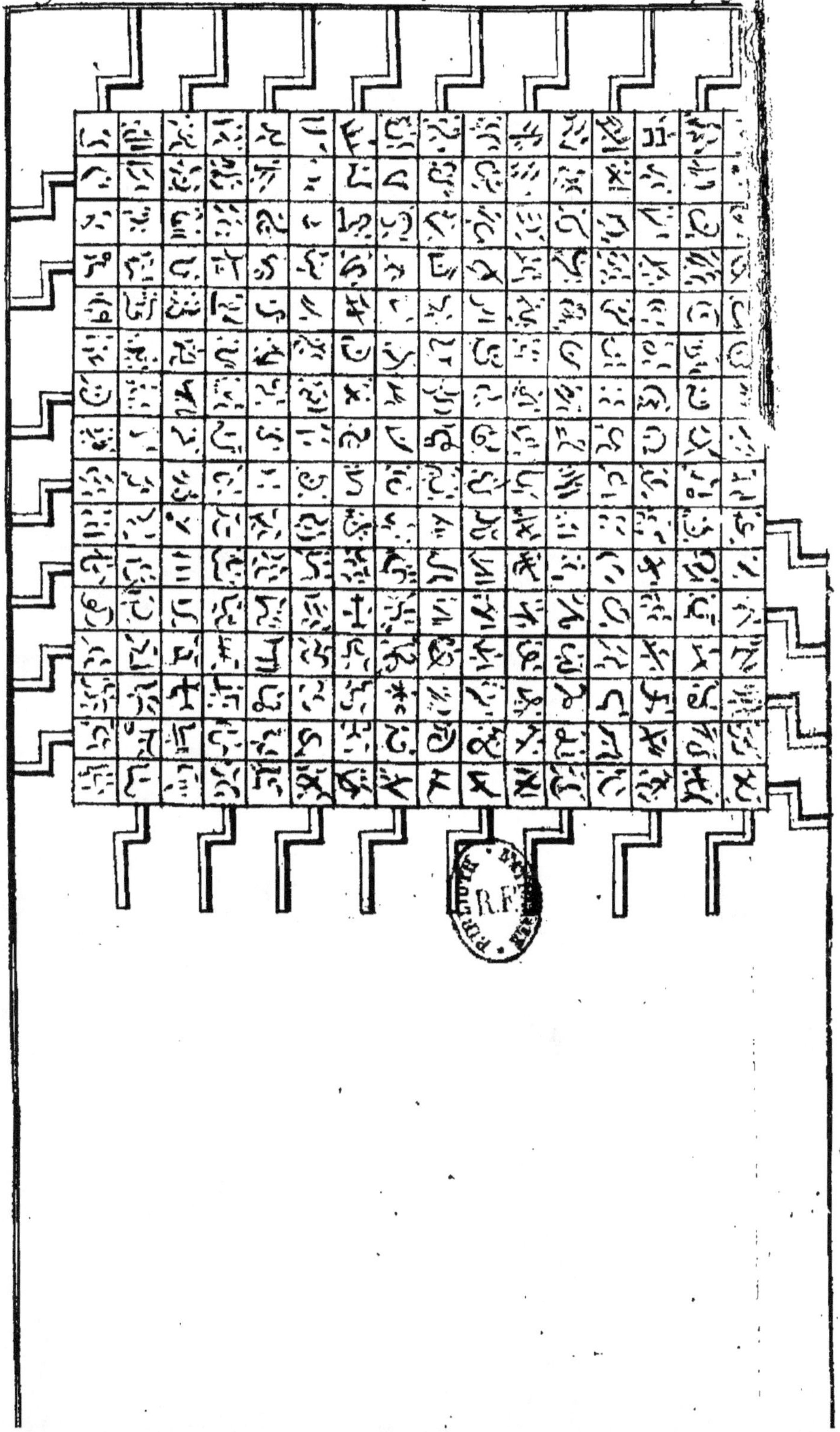

tranchant les Verbes & les Participes, parce qu'à le bien examiner, toutes choses imaginables ne sont que des Noms.

Mais, dit un des autres, ne vaudroit-il pas mieux retrancher absolument tous les mots? Pour faire mieux gouter ce projet, il prouva que la santé & l'amour de la briéveté, y trouveroient également leur compte. Car il est incontestable, que chaque mot que nous prononçons use tant soit peu nos poumons, & par conséquent hâte nôtre mort. C'est pourquoi il proposoit comme un bon Expedient, que puisque les mots ne sont que les Noms des *choses*, il seroit plus raisonnable que chacun portât avec soi les choses dont il voudroit discourir. Et cette Invention auroit certainement eu lieu, au grand contentement de celui qui l'avoit trouvée, si les Femmes, de concert avec le profane Vulgaire, n'avoient menacé de se revolter, si on ne leur permettroit de se servir de leur Langue pour parler, à la maniere de leurs Ayeux. Tant il est vrai que le commun peuple, est un Ennemi irreconciliable de tout ce qu'on apelle Science. Cependant, plusieurs Hommes très sages & très savans suivent la nouvelle Methode de s'exprimer par *choses*, Methode qui a pourtant un petit inconvenient; c'est que, quand un Homme a plusieurs affaires, & de diferente sorte, il est obligé de porter avec lui une quantité beaucoup plus considerable de *Choses*, à moins qu'il n'ait les moyens d'entretenir quelques Valets qui le dechargent de cette peine. J'ai quelquefois vu deux de ces Sages presque affaiſſez ſous le poids de leurs Fardeaux, comme les Colporteurs parmi nous : Quand ces Meſſieurs ſe rencontroient en Ruë, ils mettoient leurs paquets à Terre, & en tirant les pieces l'une après l'autre, ils étoient en état de ſoûtenir la Converſation pendant une Heure entiére, après quoi chacun ramaſſoit ſes pieces, & s'étant entr'aidez à ſe mettre leurs charges ſur le dos, ils prenoient congé l'un de l'autre.

Mais pour de moins longues Converſations, on peut facilement mettre ſous le Bras ou dans ſes Poches tout ce dont on a beſoin, & quand on eſt chez ſoi, on ne ſauroit y être embarraſſé ; Voilà pourquoi la Chambre où s'aſſemblent ceux chez qui cet Art eſt en uſage, eſt pleine de toutes les *Choſes* qui ſont neceſſaires pour ſoûtenir de ſi ingenieux Entretiens.

Un autre grand Avantage qu'on pourroit retirer de cette Invention, c'eſt que par là on a une eſpéce de Langage Univerſel, entendu par toutes les Nations Civiliſées, dont generalement tous les meubles & tous les Utenciles ſont entiérement ſemblables aux nôtres. Par là auſſi des Ambaſſadeurs pourroient traitter avec des Princes Etrangers, ou avec des Miniſtres d'Etat, dont ils ignoreroient la Langue.

Je viſitai enſuite l'Ecôle de Mathematique, où je vis un Maître, qui pour enſeigner cette ſcience à ſes Diſciples, ſe ſervoit d'une Methode qui me parut un peu bizarre. La propoſition & la demonſtration ſont écrites en Caractéres fort liſibles ſur une Oublie

très

très-mince, avec de l'Encre composée d'une Teinture Cephalique. Cette oublie l'Etudiant doit l'avaler à jeun, & pendant les trois jours suivans ne prendre d'autre Nourriture qu'un peu de Pain & d'Eau. A mesure que se fait la digestion de l'Oublie, la Teinture monte au Cerveau, & la proposition est obligée de l'acompagner. Mais jusques à present le succès n'a pas tout à fait bien répondu à l'atente de l'Inventeur, en partie par quelque Erreur dans la composition de la Teinture, & en partie par la Mechanceté des petits Garçons, à qui ce Bolus cause tant de dégoût, que la plûpart d'entr'eux tâchent de le rendre avant qu'il puisse faire son éfet ; d'ailleurs, on n'a pas encore pû obtenir d'eux d'observer le Regime, si necessaire, suivant cette Methode, pour aprendre les Mathematiques.

CHAPITRE VI.

Continuation du même Sujet. L'Auteur propose quelques nouvelles Inventions, qui sont reçuës avec de grands Applaudissemens.

JE ne me divertis guères à visiter l'Ecôle des Faiseurs de projets Politiques, parce que ces gens me paroissoient tout à fait hors de sens, spectacle qui me rend toûjours Melancolique. Ces Visionnaires formoient des projets de persuader à des Monarques de n'avoir égard dans le Choix de leurs Favoris qu'à la Sagesse, la Capacité & la Vertu ; de ne prendre des Ministres que pour travailler avec plus de succès au Bien public ; de ne jamais separer leur Interêt d'avec celui de leur Peuple, de ne conférer des Emplois qu'à des personnes capables de s'en aquiter ; avec plusieurs autres Chimères, dont personne ne s'est jamais avisé, & qui m'ont fait sentir la justesse d'une vieille Maxime, qui dit, qu'il n'y a rien de si absurde que quelques Philosophes n'ayent avancé comme veritable.

Cependant pour rendre justice à ces Academiciens Politiques, il faut que j'avoüe que tous ne sont pas si visionnaires. Il y avoit parmi eux un Homme qui me paroissoit admirablement bien entendre la Nature & le Systeme du Gouvernement. Cet Illustre personnage s'étoit fort utilement employé pour trouver des Remedes souverains contre toutes les Maladies, auxquelles les diferentes sortes d'Administrations publiques sont sujettes, tant par les Vices ou par les Foiblesses de ceux qui gouvernent, que par les Défauts de ceux qui doivent obéir. Par exemple, puisque tous ceux qui se sont apliquez à étudier le gouvernement des Hommes, avoüent unanimement, qu'il y a une ressemblance Universelle entre le Corps Naturel & le Corps politique ; n'est-il pas évident, que les Maladies de l'un & de l'autre de ces Corps

Corps doivent être gueries, & leur santé conservée par les mêmes Remedes? Il est certain, que les Senats sont souvent pleins d'Humeurs peccantes, & travaillez de plusieurs maladies de Tête, & plus encore de maladies de Cœur; avec de fortes Convulsions, & de violentes Contractions de Nerfs dans les deux Mains, quoique principalement dans la droite. D'autrefois ils ont des Vertiges, des Delires, une Faim Canine, ou des Indigestions, & plusieurs autres maux de ce genre. Le Plan de ce Docteur étoit donc, que lors qu'un Senat venoit de s'assembler, quelques Medecins s'y trouvassent les trois premiers jours de la séance, & à la fin des Debats de chaque jour tâtassent le pous à chaque Senateur; après quoi ayant meurement deliberé sur la Nature des diferentes Maladies & sur la maniére de les guerir, ils pourroient le quatriéme jour se rendre à l'endroit où le Senat s'assemble, accompagnez d'Apothiquaires pourvus de bonnes Medecines, qui auroient soin, avant que les Membres fussent assis, d'administrer à chacun d'eux des Lenitifs, des Aperitifs, des Abstersifs, des Corrosifs, des Restringens, des Palliatifs, des Laxatifs, ou telle autre Drogue dont ils pourroient avoir besoin: Prêts le lendemain, à repeter, à changer, ou à omettre ces Remedes, suivant l'effet qu'ils auroient produit.

L'Execution de ce projet ne couteroit pas grand chose au Public, & seroit à mon Avis fort utile, pour expedier promptement les Affaires dans les Païs où les Senats ont quelque part au pouvoir Législatif : Elle produiroit l'unanimité, abrégeroit les Debats, ouvriroit le peu de Bouches qui à présent sont fermées, & fermeroit le nombre prodigieux de celles qui sont ouvertes ; reprimeroit la petulance des Jeunes, & corrigeroit l'Obstination des Vieux ; donneroit de le vivacité aux Stupides, & de la retenuë aux Etourdis.

De plus, comme c'est une plainte generale que les Favoris des Princes ont la Memoire du monde la moins fidèle ; le même Docteur proposoit comme un Remède à ce mal, que quiconque iroit trouver un Premier Ministre, après lui avoir exposé son Afaire en peu de mots & en termes clairs ; en partant tirât ce Seigneur par le nez, ou par les oreilles, lui donnât quelque bon coup de pied dans le Ventre, lui pinçât les bras bien serré, ou lui fourrât une Epingle dans les Fesses ; le tout, pour le faire mieux souvenir de l'afaire en question : Remède qu'il faudroit repeter chaque fois qu'on le verroit, jusqu'à ce que la chose dont il s'agissoit, fût faite ou absolument refusée.

Il étoit aussi d'avis, que chaque Membre du Grand Conseil de la Nation, après avoir proposé & défendu son Opinion, devroit être obligé de donner sa voix en faveur de l'opinion contraire ; parce que si cela se faisoit, le Resultat tourneroit immanquablement à l'Avantage public.

Quand l'Etat est déchiré par de violentes Factions, il avoit trouvé un moyen merveilleux de les mettre d'accord. Ce moyen le voici.

voici. Il faut prendre une centaine de Chefs de chaque parti, & mettre l'une contre l'autre les Têtes qui sont à peu près de la même Figure ; qu'après cela deux Chirurgiens fort adroits scient l'*Occiput* de chaque Couple en même tems, de maniére que la Cervelle soit divisée en deux parties égales. Que chacun de ces *Occiputs* ainsi coupez soit apliqué sur la Tête à laquelle il n'apartient pas. Il est bien vrai que cet ouvrage demande beaucoup d'adresse & d'exactitude, mais le Professeur nous assuroit que si le Chirurgien s'en aquitoit bien, la Cure seroit infaillible. Car voici comme il raisonnoit ; les deux égales portions de Cervelles débatant entr'elles, les Matieres qui forment le sujet de la Dispute, ne sçauroient manquer d'être bientôt d'acord. Et pour ce qui regarde la diference des Cervelles en Quantité & en Qualité, parmi ceux qui sont les Directeurs des Factions, le Docteur protestoit en conscience que c'est une chimère.

J'entendis deux Professeurs disputer avec beaucoup de Feu sur la meilleure methode de lever des Impôts sans charger le peuple. Le premier affirmoit que la meilleure maniére seroit de taxer les Vices & la Folie ; & de mettre dans chaque Ruë un certain Nombre de Jurez, qui rendroient témoignage des degrez d'Extravagance & de Corruption de leurs voisins, sur lesquels on pourroit regler la somme que chacun seroit tenu de payer. Le second étoit d'une opinion directement contraire, & vouloit qu'on mît une Taxe sur ces Qualitez du Corps & de l'Ame,

C 4   pour

pour lesquelles les Hommes s'estimoient le plus eux-mêmes ; & que cette Taxe fût plus ou moins grande suivant le Degré plus ou moins éminent auquel on porteroit ces Qualitez, Degré à l'égard duquel chacun seroit cru sur sa parole.

L'impôt le plus onereux regardoit les plus grands Favoris du Beau sexe, & les Cotisations étoient reglées suivant le nombre & la nature des Faveurs qu'ils avoient reçûës ; sur quoi on s'en raporteroit aussi à leurs propres Declarations. L'Esprit, la Valeur, & la Politesse, devoient aussi payer de grands Impôts, qui seroient aussi levez de la même maniére, chaque personne se taxant elle-même. Mais d'un autre côté, l'Honneur, la Justice, la Sagesse & le Savoir, ne devoient pas couter un sol à ceux qui possedoient ces Qualitez, parce qu'elles sont d'un genre si singulier que personne ne les reconnoit en son voisin, ni ne les estime en lui-même.

Les Femmes devoient être taxées suivant leur Beauté, & leur Habileté à se bien mettre, & joüir du même privilège que les Hommes, je veux dire déterminer la somme qu'elles se croyent obligées de payer. Mais le Sens commun, la Fidelité, la Chasteté, & la Bonté du cœur, devoient être des choses entierement exemptes d'impôts, parce qu'aussi bien le peu qu'on en auroit pu retirer, n'auroit jamais payé les peines qu'on se seroit données pour déterrer celles que cette Taxe regardoit.

Pour attacher des Senateurs aux Interêts
de

de la Couronne, le même Professeur vouloit qu'ils tirassent au sort pour les Emplois, chacun d'eux s'engageant premiérement par serment d'être pour la Cour, soit qu'il gagnât ou non ; après quoi ceux qui avoient perdu, pouvoient de nouveau tenter fortune à la premiére Occasion. De cette maniére l'Esperance & l'Atente les rendroient Fidéles à leurs Engagemens, & personne ne pourroit se plaindre qu'on l'eût trompé, mais imputeroit son malheur à la Fortune dont les Epaules sont plus fortes & plus larges que celles d'un Ministère.

Un autre Professeur me montra un grand papier tout rempli d'Instructions pour découvrir des complots qui se trament contre le Gouvernement. Dans toutes ses remarques paroissoit un genie profond, & un extrême connoissance de la politique, quoi qu'à mon avis on pourroit y ajoûter encore quelque chose. C'est ce que je pris la liberté de dire à l'Auteur, en lui ofrant en même tems de lui faire part de ce que je pouvois avoir de Lumiéres sur ce sujet. Il reçut mon ofre plus honnêtement que ne font d'ordinaire des Auteurs, & particuliérement ceux qui travaillent en projets, m'assurant qu'il seroit fort aise que je lui communiquasse mes Observations.

Je lui dis, que s'il m'arrivoit de vivre dans un Royaume où les Conspirations fussent en vogue par le genie inquiet du petit Peuple, ou pussent servir à l'affermissement du Credit, ou à l'avancement de la Fortune de quelques grands Seigneurs, je m'apliquerois d'abord à encourager la Nation des Accusateurs, des Denonciateurs, & des Témoins: Que lorſque j'en aurois raſſemblé un nombre ſuffiſant, de toutes les ſortes & de diferente Capacité, je les mettrois ſous la conduite de quelques perſonnages habiles, & aſſez puiſſans pour les proteger & pour les recompenſer. De tels perſonnages doüez des Talens & du Pouvoir que je viens de marquer, pourroient faire ſervir les Complots aux plus excellens uſages ; ils pourroient ſe faire valoir & paſſer pour de profonds Politiques ; rafermir un Miniſtère chancelant ; étouffer ou apaiſer un Mecontentement general ; s'enrichir de Confiſcations, & augmenter ou diminuer le Credit public, ſuivant que leur Avantage particulier le demanderoit. C'eſt ce qu'on peut faire, en convenant premiérement des perſonnes ſur qui doit tomber l'Accuſation d'avoir part à une Conſpiration. Après cela il faut s'aſſurer de tous leurs papiers, auſſi bien que de leurs perſonnes: Ces papiers doivent être mis entre les mains d'une ſocieté d'Hommes aſſez habiles pour découvrir le ſens myſterieux des Mots, des Syllabes, & des Lettres ? Mais pour qu'ils puiſſent tirer quelque fruit de leur habileté, il doit leur être permis de donner aux Lettres, aux Syllabes & aux Mots, la ſignification, qui leur plaît, quoique cette ſignification n'y aye ſouvent aucun raport, ou même paroiſſe directement contraire au but que ſe propoſe celui dont on examine l'Ecrit ; ainſi par exemple, s'ils le trouvent bon, ils peuvent entendre par un *Crible* une

une *Dame de Cour*, par un *Chien estropié* un *Usurpateur*, par un *Fleau* une *Armée entretenuë en tems de paix*, par une *Buse*, un *Grand Politique*, par la *Goute* un *Souverain Pontife*, par un *Pot de Chambre* un *Commité de Seigneurs*, par un *Balai* une *Revolution*, par une *Sourissiére* une *Charge*, par un *Abime sans fond* le *Tresor public*, par un *Egout* la *Cour*, par un *Bonnet avec des Sonnettes* un *Favori*, par un *Roseau cassé* une *Cour de Justice*, & par un *Tonneau vuide* un *General*.

Que si cette Methode ne réussissoit pas, on pourroit en employer de plus efficaces, & avoir recours aux *Acrostiches* & aux *Anagrammes*: Je lui expliquai alors ce que j'entendois par *Acrostiches*, & lui montrai au doigt & à l'œil de quelle utilité est cette espèce de science pour découvrir le sens politique que renferment les Lettres initiales. Car sans cela, lui dis-je, auroit-on jamais pû savoir que N, par exemple, signifie une *Conspiration*; B un *Regiment de Cavalerie*, & L une *Flote*. Mais si par hazard, (ce qui n'est guères possible) cette Methode ne suffit pas pour découvrir les Desseins du Parti mécontent, on pourroit venir à bout de les connoître, en transposant les Lettres de l'Alphabet qui se trouvent dans quelque papier suspect, en les transposant dis-je, de tant de maniéres diferentes, qu'on trouve enfin le sens qu'on veut leur donner. Et c'est là ce qu'on apelle la Methode Anagrammatique.

Le Professeur me fit de grands remercîmens

mens de curieuses observations dont je venois de lui faire part, & me promit qu'il feroit mention honorable de moi dans son Traité.

Je ne vis rien dans ce Païs qui pût me porter à y faire un plus long séjour, & commençai à songer à m'en retourner en Angleterre.

CHAPITRE VII.

L'Auteur quite Lagado & arrive à Maldonada. Aucun Vaisseau n'étant prêt à faire voile, il fait un Tour à Glubbdubdribb. Reception que lui fit le Gouverneur.

LE Continent, dont ce Royaume est une partie, s'étend, autant qu'il me paroît, à l'Est vers les parties inconnuës de *l'Amerique*, au VVest vers la *Californie*, & au Nord vers la Mer Pacifique, qui n'est qu'à cent cinquante miles de *Lagado*, où il y a un bon Port, & dont les habitans font un grand commerce avec ceux de l'Isle de *Luggnagg*, située au Nord-VVest environ au 29. Degré de Latitude Septentrionale, & au 140. Degré de Longitude. Cette Isle est au Sud-Est du *Japon*, à la distance d'une centaine de lieuës. Il y a une étroite Alliance entre

L'Eml'Empereur du *Japon* & le Roi de *Luggnagg*, ce qui fait qu'il y a souvent occasion de passer d'une de ces Isles à l'autre. Cette Raison me détermina à prendre ma route par là pour m'en revenir en Europe. Je louai deux Mules pour porter mon petit Bagage, & un Guide pour me montrer le Chemin. Je pris congé de mon genereux Protecteur qui m'avoit temoigné tant d'amitiez, & reçus encore de lui un present assez considerable à mon départ.

Il ne m'arriva rien pendant mon Voyage qui merite d'être raporté. Quand j'arrivai au port de *Maldonada*, il n'y avoit point de Vaisseau prêt à faire voile pour *Luggnagg*, & on m'assura qu'il faudroit attendre même quelques semaines avant qu'il y en eût. Cette Ville est environ de la grandeur de *Portsmouth*. Je fis bien-tôt quelques connoissances, dont je reçus beaucoup d'honnêtetez. Un Gentilhomme fort distingué me dit que, puis qu'il se passeroit tout au moins un mois avant que j'eusse occasion de partir pour *Luggnagg*, je devrois aller voir la petite Isle de *Glubbdubdribb*, qui étoit au Sud-VVest de *Maldonada*, à la distance d'environ cinq lieuës. Il s'ofrit à m'acompagner avec un de ses Amis, & me promit d'avoir soin de tout ce qui seroit necessaire pour nôtre petit Voyage.

Glubbdubdribb, autant qu'on peut rendre ce terme en nôtre Langue, signifie l'Isle des *Sorciers*. Cette Isle n'a que le tiers de la largeur de celle de *VVight*, & est extraordinairement fertile. Elle est gouvernée par le

Chef d'une certaine Tribu qui n'est composée que de Magiciens.

Ces Magiciens ne contractent jamais de Mariages qu'avec des personnes de leur Tribu, & c'est le plus Ancien de leur Race qui est leur Prince ou leur Gouverneur. Ce Prince est logé dans un Magnifique Palais, derriére lequel il y a un Parc de trois mille Acres d'étenduë, & environné d'un Mur de pierre de taille de vingt pieds de hauteur. Dans ce Parc il y a diferens enclos pour du Bled, des Herbes, ou du Bétail.

Le Gouverneur & sa Famille sont servis par des Domestiques fort extraordinaires. Par son habileté dans la Magie, il a le pouvoir de rapeller à la vie ceux qu'il veut, & le droit de s'en faire servir pendant vingt-quatre heures, mais pas plus long-tems; de plus, il ne lui est pas permis d'évoquer deux fois de suite la même personne, à moins qu'il n'y ait l'espace de trois mois entre deux, ou qu'il n'y soit porté par quelques raisons de la derniére importance.

Quand nous eûmes mis pied à terre dans l'Isle, ce que nous fimes environ à onze heures du matin, un des Messieurs qui m'accompagnoient, alla chez le Gouverneur, & lui demanda si un Etranger pouvoit avoir l'honneur de faire la Reverence à son Altesse. Ce Prince lui acorda d'abord sa demande, & nous entrâmes tous trois dans le Palais entre deux Rangs de Gardes, armez à l'Antique, & qui avoient dans leur Physionomie je ne sçai quoi qui me faisoit trembler. Nous pas-

passâmes par plusieurs Apartemens entre des Domestiques, qui ne ressembloient pas mal aux Gardes, & qui comme eux étoient rangez en Haye des deux côtez, jusqu'à ce que nous fussions parvenus à la Chambre de presence, où, après trois profondes Reverences, & quelques Questions generales, il nous fut permis de nous asseoir sur trois Chaises, placées tout près du plus bas degré du Thrône de son Altesse. Ce Prince entendoit la Langue de *Balnibarbi*, quoi qu'elle fût diferente de celles qu'on parle dans son Isle. Il me pria de lui raconter une partie de mes Voyages, & pour me faire voir qu'il vouloit me traiter sans Ceremonie, il renvoya ceux de sa suite d'un seul signe de Tête, qu'il n'eut pas plûtôt fait, qu'à mon grand étonnément tous s'évanoüirent en l'Air, comme les Objets que nous avons vûs en songe disparoissent quand nous nous reveillons tout d'un coup. Je fus quelque tems avant que de pouvoir me remettre de ma Frayeur : mais comme le Gouverneur m'assura que je n'avois rien à craindre, & que je remarquois d'un autre côté que mes deux Compagnons ne paroissoient avoir aucune peur, (ce qui venoit de ce que ce Spectacle ne leur étoit pas nouveau) je commençai à prendre courage, & fis à son Altesse une Histoire abregée de mes diverses Avantures, non sans hesiter quelquefois, & sans jetter les yeux de tems en tems sur les places que ces Spectres Domestiques venoient de quiter.

J'eus l'honneur de dîner avec le Gouverneur,

neur, & nous fumes servis à Table par des Fantômes diferens de ceux que j'avois déjà vus. Je remarquai que ma peur alors étoit beaucoup moindre que celle du Matin.

Nous passames là toute la Journée, mais je suppliai le Prince de vouloir m'excuser, si je n'acceptois pas l'offre qu'il me faisoit de loger dans son Palais. Mes deux Amis & moi, allames coucher en Ville, & retournames au Palais du Gouverneur, pour obeïr à l'ordre obligeant qu'il nous en avoit donné.

Nous passames de cette maniére dix jours dans cette Isle, étant la plus grande partie du jour chez le Gouverneur, & la nuit dans nôtre Logement. Je me familiarisai bien-tôt tellement avec les Esprits, que je n'en avois plus peur du tout, ou s'il me restoit encore quelque impression de Frayeur, ma Curiosité m'en ôtoit aussi-tôt le sentiment. Son Altesse m'ordonna un jour d'évoquer tel mort que je voudrois de tous ceux qui avoient subi la Loi du trépas depuis le commencement du Monde jusqu'au moment qu'il me parloit, & de leur commander de répondre aux Questions que je leur proposerois ; à condition néanmoins que mes Questions ne rouleroient que sur des choses passées de leur tems : Qu'au reste je pouvois être sûr d'une chose, c'est qu'ils ne me diroient rien que de vrai, l'Art de mentir n'étant d'aucun usage dans l'autre monde.

Je fis d'humbles remercîmens à son Altesse pour une si grande Faveur. Nous étions dans une Chambre dont la vuë donnoit sur le Parc.

Et comme mon premier defir fut de voir quelque chofe de pompeux & de magnifique, je fouhaitai de voir *Alexandre le Grand*, à la Tête de fon Armée immediatement après la Bataille *d'Arbelles*: à peine le Gouverneur eut-il prononcé quelques mots, que nous aperçûmes ce Conquerant fous la Fenêtre où nous étions, & fon Armée un peu plus loin. *Alexandre* eut ordre de fe rendre dans nôtre Apartement: Je n'entendis pas autrement bien fon *Grec*. Il m'affura fur fon Honneur qu'il n'avoit pas été empoifonné, mais qu'il étoit mort d'une Fievre violente caufée par les Débauches exceffives qu'il avoit faites en vin.

Après lui je vis *Hannibal* paffant les *Alpes*, qui me protefta, qu'il n'avoit pas une feule goute de Vinaigre dans fon Camp.

Je vis *Cefar* & *Pompée* à la Tête de leurs Troupes, & prêts à fe livrer Bataille. Je fouhaitai que le Senat de *Rome* pût paroître devant moi dans une grande Chambre, & une Affemblée un peu plus Moderne en opofition dans une autre. La premiére de ces Compagnies ne me parut compofée que de Heros & de Demi-Dieux; au lieu que l'autre ne reffembloit qu'à une Troupe de Gueux, de Bandits, & de Breteurs. Le Gouverneur à ma demande fit figne à *Cefar* & à *Brutus* de s'avancer vers moi. La vuë de *Brutus* m'infpira une profonde veneration, & je n'eus pas de peine à remarquer en lui la vertu la plus confommée, une fermeté d'Ame, une intrepidité au deffus de toute expreffion, & le plus ardent Amour pour fa Patrie. J'obferservai avec un sensible plaisir que ces deux grands Hommes paroissoient être Amis, & *Cesar* m'avoüa avec une noble ingenuité, que la gloire de l'avoir tué surpassoit celle qu'il s'étoit aquise pendant tout le cours de sa vie. J'eus l'honneur d'entretenir assez long tems *Brutus* ; & il me fut dit que *Junius*, *Socrate*, *Epaminondas*, *Caton* le jeune, *Thomas Morus* & lui, étoient toûjours ensemble: *Sextumvirat* auquel tous les Ages du Monde ne sçauroient ajoûter un septiéme.

Mes Lecteurs s'ennuyeroient certainement, si je leur rapottois les Noms de toutes les personnes, que le Desir de voir, pour ainsi dire, le Monde dans chaque point de la Durée, me fit évoquer. Je m'attachai principalement à considerer les Destructeurs des Tyrans & des Usurpateurs, & ceux qui avoient rendu des Nations à la Liberté; ces sortes de Spectacles me causoient une joye si sensible, que ce seroit tenter l'impossible que de vouloir l'exprimer.

CHA-

CHAPITRE VIII.

Détail curieux touchant la Ville de Glubbdubdribb. Quelques Corrections de l'Histoire Ancienne & Moderne.

Ayant envie de voir les Anciens qui s'étoient rendus fameux par leur Esprit ou par leur Savoir, je leur destinai un jour tout entier. Je demandai que *Homere* & *Aristote* parussent à la Tête de tous leurs Commentateurs; mais ceux-ci étoient en si grand nombre, que plusieurs Centaines restérent dans la Cour & dans les Apartemens exterieurs du Palais. Je connus & distinguai ces deux Heros à la premiére vuë, non seulement de la multitude, mais aussi l'un de l'autre. *Homere* étoit le plus grand & le mieux fait des deux, se tenoit fort droit pour son Age, & avoit les yeux les plus vifs que j'aye jamais vus. *Aristote* se baissoit extrêmement, & s'apuyoit sur un Baton. Il avoit le visage maigre, les cheveux longs, & la voix creuse. Je m'aperçus d'abord, qu'aucun d'eux n'avoit jamais vû le reste de la Compagnie, ni même n'en avoit entendu parler. Et un Esprit, que je ne nommerai point, me dit à l'oreille, que dans l'autre monde ces Commentateurs se tenoient toûjours le plus loin qu'il leur étoit possible de ces grands Hommes

mes dont ils avoient vainement tenté d'éclaircir les Ecrits, & cela par la Honte & par le Remors qu'ils avoient de leur avoir fait dire mille Contradictions & mille Absurditez, ausquelles ils n'avoient jamais pensé. Je presentai *Didyme* & *Eustachius* à *Homere*, qui à ma prière les reçut mieux que peut-être ils ne meritoient ; car il trouva d'abord qu'aucun d'eux n'avoit le genie qu'il faut pour entrer dans celui d'un Poëte. Mais *Aristote* perdit entiérement patience, quand après lui avoir marqué les Obligations qu'il avoit à *Scot* & à *Ramus*, je lui presentai ces Savans, & il me demanda si ses autres Commentateurs étoient aussi Fous que ceux-ci.

Je priai alors le Gouverneur d'évoquer *Descartes* & *Gassendi*, qui en ma presence expliquérent leurs Sistèmes à *Aristote*. Ce Philosophe avoüa ingenuement qu'il s'étoit très souvent trompé, parce qu'à l'égard de plusieurs choses il ne s'étoit apuyé que sur de simples Conjectures ; & declara que le *Vuide d'Epicure*, dont *Gassendi* étoit le Restaurateur, & les *Tourbillons* de *Descartes*, étoient également fondez. Il prédit que l'*Attraction*, qui se voit aujourd'hui tant de Défenseurs, retomberoit quelque jour dans le Mépris dont on vient de la tirer. Les nouveaux Systèmes sur la Nature, ne sont, ajoûta-t-il, que de nouvelles modes, qui varieront de tems en tems ; & même ceux qu'on prétend démontrer Mathematiquement, n'auront pas un Regne aussi long que la presomption de leurs Partisans semble leur promettre.

J'em-

J'employai cinq jours à converser avec plusieurs autres Savans de l'Antiquité. Je vis la plus grande partie des premiers Empereurs Romains. Le Gouverneur évoqua à ma Sollicitation les Cuisiniers de *Heliogabale* pour nous faire à dîner, mais ils ne nous donnérent que peu de preuves de leur habileté, faute de Materiaux. Un Cuisinier d'*Agesilaus* nous fit une soupe à la *Lacedemonienne*, mais je n'eus pas le courage d'en avaler une seconde cuillerée.

Mes deux Compagnons de Voyages furent obligez pour quelques Affaires, qui demandoient leur presence, de s'en retourner chez eux dans trois jours, que j'employai à voir quelques Morts modernes, qui avoient joué le Rôle le plus brillant depuis deux ou trois siecles, soit dans ma Patrie, soit dans d'autres païs de *l'Europe*. Comme j'avois toûjours été grand Admirateur de tout ce qu'on apelle Anciennes & Illustres Familles, je supliai le Gouverneur d'évoquer une douzaine ou deux de Rois avec leurs Ancêtres rangez en ordre depuis huit ou neuf generations. Mais je fus horriblement trompé dans mon Atente. Car au lieu d'une longue suite de Diademes, je vis dans une Famille deux Joüeurs de violon, trois Courtisans fort bien mis, & un Prelat *Italien*. Dans une autre un Barbier, un Abbé & deux Cardinaux. J'ai trop de veneration pour les Têtes couronnées, pour insister davantage sur un sujet si mortifiant. Mais pour ce qui regarde les Marquis, les Comtes & les Ducs, je ne suis pas si scrupuleux. Et j'avoüerai que ce
ne

ne fut pas sans plaisir que je me vis en état de distinguer la route que certaines Qualitez de l'Ame & du Corps avoient suivie pour entrer dans telle ou telle Famille. Je pouvois voir clairement d'où telle Maison tiroit un Menton pointu, & pourquoi telle autre ne produisoit que des Coquins depuis deux generations, & que des Fous depuis quatre. Quelles étoient les causes qui justifioient le mot que *Polydore Virgile* a dit d'une certaine Maison de par le Monde, *Nec Vir fortis, Nec Fœmina casta*. Comment la Cruauté, la Fourberie, & la Lâcheté, devenoient des marques caracteristiques, par lesquelles de certaines Familles étoient autant reconnoissables que par leur Cotte d'armes.

Tout ce que je voyois me dégoutoit fort de l'Histoire Moderne. Car ayant examiné & interrogé avec attention tous ceux qui depuis un siecle avoient occupé les plus éminentes places dans les Cours des Princes, je trouvai que des miserables Ecrivains en avoient effrontément imposé au Monde, en attribuant plus d'une fois, les plus grands Exploits de guerre à des Lâches, les plus sages Conseils à des Imbecilles, la plus noble Sincerité à des Flateurs, une vertu *Romaine* aux Traitres de leur Patrie, de la pieté à des Athées, & de la veracité à des Delateurs. Que plusieurs Hommes du Merite le plus pur & le plus distingué avoient été condamnez à mort ou envoyez en Exil par sentence de quelques Juges corrompus ou intimidez par un Premier Ministre : Que des Femmes d'intrigue ou prostituées, des Maquereaux,

des

des Parasites & des Bouffons, decidoient souvent les Affaires des Cours, des Conseils, & des plus Augustes Senats. J'avois déjà assez mauvaise Opinion de la sagesse & de l'integrité des Hommes, mais ce fut bien autre chose quand je fus informé des motifs ausquels les plus grandes Entreprises & les plus étonnantes Revolutions doivent leur Origine, aussi bien que des meprisables Accidens ausquels elles sont obligées de leur succès.

J'eus ocasion en même tems de me convaincre de l'Audace & de l'Ignorance de ces Ecrivains d'Anecdotes, qui dans leurs Histoires secretes empoisonnent presque tous les Rois; repétent mot pour mot un Discours qu'un Prince a tenu en secret à son Premier Ministre; ont copie authentique des plus secretes Instructions des Ambassadeurs, & cependant ont le malheur de se tromper toûjours. Un General confessa en ma presence qu'un jour il n'avoit gagné la Victoire qu'à force de fautes & de poltronnerie: & un Amiral, que pour n'avoir pas eu d'assez étroites liaisons avec les Ennemis, il avoit batu leur Flote dans le tems qu'il ne songeoit qu'à leur livrer la sienne. Trois Rois m'ont protesté n'avoir pendant tout le cours de leurs Regnes jamais fait de bien à un seul Homme de merite, à moins qu'ils ne l'ayent fait sans le savoir, étant abusez par quelque Ministre en qui ils se confioient, ils ajoûterent, que s'ils avoient à revivre, ils tiendroient encore la même conduite; & ils me prouvérent avec beaucoup de Force, que

que la corruption étoit un des plus fermes soûtiens du Trône, parce que la vertu donne aux Hommes une certaine inflexibilité, qui est la chose du Monde la plus incommode pour ceux qui gouvernent.

J'eus la curiosité d'aprendre en détail, par quels moyens de certains Hommes s'étoient élevez à de grands Titres d'Honneur, & avoient aquis d'immenses Richesses ; & ma curiosité n'eût pas pour Objets des siécles fort reculez ; quoique d'un autre côté, elle ne regardât ni mon païs, ni mes Compatriotes, verité dont je prie mes Lecteurs d'être bien persuadez.) Plusieurs personnes qui étoient dans le cas dont il s'agit, ayant été évoquées, il ne fut pas besoin d'un grand examen pour découvrir des Infamies dont le souvenir me fait encore fremir d'horreur. Le Parjure, l'Opression, la Fraude, la Subornation, & le Maquerelage, étoient les moyens les plus honnêtes dont ils s'étoient servis ; & comme cela étoit aussi fort juste, je trouvai que ces petites *infirmitez* étoient fort excusables. Mais quand quelques-uns avoüérent qu'ils ne devoient leur grandeur & leur opulence qu'aux Crimes les plus afreux ; les uns à la Prostitution de leurs Femmes & de leurs Filles, d'autres aux Trahisons qu'ils avoient faites à leur Prince ou à leur Patrie, d'autres enfin à leur Habileté à empoisonner leurs Ennemis ou à perdre des Innocens : J'espere qu'on ne me saura pas mauvais gré de ce que ces sortes de Découvertes me firent beaucoup rabatre de cette profonde veneration que j'ai naturellement

ment pour des personnes d'un Rang éminent, & qui est un Tribut que des gens de ma sorte doivent leur payer. J'avois souvent lû que de certains services importans avoient été rendus à des Princes ou à des Etats ; cela me fit naître la Curiosité de voir ceux à qui ces Etats & ces Princes en avoient l'obligation. Après une exacte recherche, il me fut dit que leurs Noms ne se trouvoient en aucun Registre, en en exceptant pourtant un petit nombre que l'Histoire a representez comme des Infames & des Traitres. A l'égard des autres, je n'en avois jamais entendu parler. Ils parurent tous les yeux baissez, & fort pauvrement habillez, la plûpart d'entr'eux, à ce qu'ils me dirent, étant morts dans la misère, ou ayant porté leurs Têtes sur un Echafaut.

Parmi les premiers je vis un Vieillard dont l'Histoire a quelque chose de singulier. Il avoit à ses côtez un jeune Homme d'environ dix-huit ans. Il me dit qu'il avoit été pendant plusieurs années Commandant d'un Vaisseau, & que dans le Combat Naval d'*Actium*, il avoit eu le bonheur de couler à fond trois des principaux Vaisseaux Ennemis, & d'entreprendre un quatriéme, ce qui avoit été la seule cause de la fuite d'*Antoine* & de la Victoire qui en fut une suite ; que le jeune Homme que je voyois à ses côtez, & qui étoit son Fils unique, avoit été tué pendant l'Action. Il ajouta, que la Guerre étant finie, il s'en alla à *Rome*, pour solliciter un plus grand Vaisseau, dont le Commandant avoit été tué, mais que sans avoir égard à ses

Tome II. 1. Part.   D   pre-

pretentions, le Vaiſſeau qu'il demandoit, fut donné à un Homme qui n'avoit jamais vû la Mer, & dont tout le merite conſiſtoit à être Fils de *Libertina*, Femme de Chambre d'une des Maîtreſſes d'*Auguſte*. Pendant qu'il s'en retournoit à ſon Bord, il fut accuſé de negligence à l'égard de ſon devoir, & ſon Vaiſſeau fut donné au Page favori de *Publicola* le Vice-Amiral; ſur quoi il ſe retira à une petite Ferme, fort éloignée de *Rome*, dans laquelle il finit ſes jours. J'eus tant d'envie de ſçavoir la verité de cette Hiſtoire, que je demandai qu'*Agrippa*, qui avoit été Amiral dans ce Combat, fût évoqué. Il vint, & me certifia tout le Recit, avec cette diference pourtant qu'il donna de bien plus grands Eloges au Capitaine, qui par ſa modeſtie n'avoit nullement rendu juſtice à ſon propre Merite.

Je fus étrangement ſurpris de trouver que la Corruption eût fait de ſi rapides progrès dans cet Empire, & cela par le Luxe qui n'y étoit entré que fort tard, ce qui fit que je fus moins étonné de voir arriver de pareilles Avantures dans d'autres pays, où les vices de tous les genres ont regné depuis bien plus long tems.

Comme chacun de ceux qui étoient évoquez avoit parfaitement la même Figure ſous laquelle ils avoient paru dans le Monde, ce ne fut qu'avec le plus ſenſible Déplaiſir que je remarquai juſqu'à quel point la Race *Angloiſe* étoit degenerée depuis un ſiecle, & quels changemens avoit produit parmi nous la plus infame de toutes les Maladies.

Pour

Pour faire diversion à un spectacle si mortifiant, je marquai souhaiter de voir quelques-uns de ces *Anglois* de la vieille Roche, si fameux autrefois pour la simplicité de leurs Mœurs, pour leur exacte observation des Loix de la Justice, leur sage Amour pour la Liberté, leur Valeur, & leur atachement inviolable pour leur Patrie. Ce ne fut pas sans émotion que je comparai les Vivans aux Morts, & que je vis des Ayeux vertueux déshonorez par de Petit-Fils, qui en vendant leurs voix à la Faveur ou à l'Espérance, se sont souillez de tous les vices qu'il est possible d'aquerir dans une Cour.

CHAPITRE IX.

L'Auteur revient à Maldonada, *& fait voile pour le Royaume de* Luggnagg. *Il y est mis en prison, & ensuite envoyé à la Cour. Maniére dont il y est admis. Extrême Clemence du Roi envers ses sujets.*

LE jour de nôtre départ étant venu, je pris congé de son Altesse le Gouverneur de *Glubbdubdribb*, & revins avec mes deux Compagnons à *Maldonada*, où, après avoir atendu quinze jours, nous trouvames un Vaisseau prêt à faire voile pour *Luggnagg*. Mes deux Amis, & quelques autres Messieurs,

sieurs, eurent la generosité de me fournir toutes les provisions dont j'avois besoin, & de me mener à Bord. Mon Voyage fut d'un mois. Nous fumes accueillis en chemin d'une violente Tempête, & obligez de prendre cours vers le *VVest*, pour profiter d'un Vent alizé qui soufle dans ces parages. Le 21. d'*Avril* 1711. nous entrames dans la Riviére de *Clumegnig*, sur laquelle il y a une Ville qui porte le même Nom. Nous jettames l'Ancre à une lieuë de cette Ville, & fimes des signaux pour qu'on nous envoyât un Pilote. Il en vint deux à nôtre Bord en moins d'une demie heure ; qui nous conduisirent entre plusieurs Ecueils, qui rendent le passage fort dangereux, dans un large Bassin, où toute une Flote est entiérement à l'abri des plus furieuses Tempêtes.

Quelques-uns de nos Matelots, soit par malice, soit par inadvertance, informérent les Pilotes que j'étois un Etranger & de plus grand Voyageur, ce que ceux-ci redirent à un Officier de la Douane, qui m'examina à la rigueur quand j'eus mis pied à terre. Cet Officier me parla la Langue de *Balnibarbi*, que presque tous les Habitans de cette Ville entendent à cause du grand Commerce qu'il y a entr'eux & les Habitans de ce Royaume. Je lui fis un Recit succint, que je rendis le plus vraisemblable qu'il me fut possible ; mais je jugeai à propos de ne pas déclarer ma Patrie & de me dire *Hollandois*, parce que mon Dessein étoit d'aller au *Japon*, & que je sçavois que les *Hollandois* sont le seul Peuple de l'*Europe* qui y soit admis. Dans cette vuë

je

je dis à l'Officier qu'ayant fait naufrage sur les Côtes de *Balnibarbi*, j'avois été reçu dans *Laputa*, ou l'Isle volante (dont il avoit plus d'une fois entendu parler) & que j'étois à présent dans l'intention de me rendre au *Japon*, où j'esperois de trouver quelque Vaisseau sur lequel je pourrois m'en retourner dans mon Païs. L'Officier me dit qu'il faloit que je restasse Prisonnier jusqu'à ce qu'il eut reçu à mon sujet des ordres de la Cour ; qu'il alloit y écrire sur le champ, & qu'il se flattoit d'avoir réponse dans une quinzaine de jours. On me donna un Apartement assez honnête pour une prison, avec une Sentinelle à ma porte, j'avois pourtant la liberté de me promener dans un assez grand Jardin, & fus traité avec beaucoup d'Humanité, étant entretenu pendant tout le tems au dépens du Roi. Un motif de curiosité porta plusieurs personnes à m'inviter chez elles, parce qu'il leur avoit été raporté que je venois de plusieurs Païs fort éloignez, & dont quelques-uns même leur étoient entiérement inconnus.

Je loüai un jeune Homme qui s'embarqua avec moi pour me servir d'Interprête ; il étoit natif de *Luggnagg*, mais avoit passé quelques années à *Maldonada*, & entendoit parfaitement bien l'une & l'autre Langue. Par son moyen je fus en état de lier conversation avec ceux qui vinrent me voir ; mais cette conversation ne consistoit qu'en Demandes de leur part, & qu'en Reponses de la mienne.

La Dépêche que nous attendions de la Cour,

Cour, arriva vers le tems que nous esperions. Elle contenoit un ordre de me conduire moi & ma suite à *Traldragdubb* ou *Trildrogdribb*, car j'ay entendu prononcer ce mot en deux maniéres, avec une Escorte de dix Chevaux. Toute ma suite consistoit dans le Garçon qui me servoit d'Interprête, que je persuadai de se mettre à mon service, & ce ne fut qu'à force de prieres qu'on accorda à chacun de nous une Mule pour faire plus commodément le Voyage. Un Messager eut ordre de nous devancer de quelques jours, pour annoncer nôtre approche au Roi, & pour prier Sa Majesté de marquer le jour & l'heure que nous pourrions avoir l'Honneur de *lécher la poussiére qui est devant le marchepied de ses pieds*. C'est-là le stile de la Cour, & j'aprouvai que cette phrase n'étoit rien moins que figurée. Car ayant été admis deux jours après mon arrivée, je reçus ordre de me trainer sur le ventre, & de lécher le plancher à mesure que j'avançois ; mais à cause que j'étois Etranger, on avoit eu soin de la netoyer si bien, que la poussiére ne put me faire aucun mal. Cependant, c'étoit-là une Faveur particuliére, qui ne s'accordoit qu'à des personnes du premier Rang, quand le Roi leur faisoit la grace de les admettre en sa présence. Ce n'est pas tout : quelquefois on repand tout exprès de la poussiere sur le plancher, & c'est ce qui arrive lorsque celui, qui doit être admis, a de puissans Ennemis à la Cour. J'ai vû moi-même un grand Seigneur dont la bouche en étoit si
plei-

pleine, que quand il se fut trainé jusqu'à l'endroit qu'il falloit, il lui fut impossible de prononcer un seul mot. Le pis est qu'il n'y a aucun Remède à cet inconvenient, parce que c'est un Crime capital à ceux qui sont admis à l'Audience de cracher ou de s'essuyer la Bouche en présence de Sa Majesté. Il y a encore à cette Cour une autre coutume, que je ne saurois tout à fait aprouver. Quand le Roi a dessein de faire mourir quelque grand Seigneur d'une mort douce & qui aye quelque chose d'obligeant, il ordonne qu'on repande sur le plancher une certaine poudre empoisonnée, qui étant léchée, tuë infailliblement son Homme en vingt-quatre heures: Mais pour rendre justice, à l'extrême Clemence de Sa Majesté, & au tendre soin qu'il a pour la vie de ses Sujets (en quoi il seroit à souhaiter que les Monarques de l'*Europe* voulussent bien l'imiter) il faut que je dise, que quand quelque Seigneur a eu l'honneur mortel de lécher un peu de cette poudre, dont je viens de parler, le Roi donne les ordres les plus précis que le plancher soit bien lavé; que si ses Domestiques n'exécutent pas exactement ses ordres; ils s'exposent à la colère & à l'indignation de ce Prince. Je lui ai entendu moi-même commander qu'on fouëtât un Page, dont ç'avoit été le tour d'avertir ceux qui devoient nettoyer le plancher après une Exécution, mais qui avoit negligé de le faire par malice : Négligence, qui fut cause qu'un jeune Seigneur de grande espérance, ayant été admis à l'Audience, fut malheureusement empoisonné, quoique dans ce tems-là, le Roi n'eût pas dessein de le faire mourir Mais ce Prince fut si bon que de remettre au Page, le petit châtiment auquel il l'avoit condamné, sur la promesse qu'il fit que cela ne lui arriveroit plus, à moins que d'en avoir un ordre formel.

J'espere qu'un trait si singulier de Clemence engagera le Lecteur à me pardonner cette digression.

Quand je me fus trainé jusqu'à la distance de quatre verges du Trône, je me levai doucement sur mes genoux, & puis, après avoir sept fois frapé la Terre de mon Front, je prononçai les mots suivans, tels que je les avois apris la nuit d'auparavant, *Ickpling Glosstrobb squutserumm blhiop Mlashnalt, Zwin, tnodbalkguffh sthiophad Gurdlubh Asth.* C'est là le Compliment que les Loix prescrivent à tous ceux qui ont l'Honneur de saluer le Roi. On pourroit le rendre par ces mots François ; *Puisse Vôtre Majesté Celeste vivre plus long-tems que le Soleil, onze Lunes & demie.* Le Roi me fit une courte Reponse, à laquelle, quoique je n'en comprisse pas le sens, je repliquai par ces mots qu'on m'avoit fait aprendre par cœur ; *Flust drin Yalerick Dvvuldom prastrad mirpush,* ce qui veut dire, *Ma Langue est dans la Bouche de mon Ami,* par où je voulois marquer que je souhaitois qu'il fût permis à mon Interprête d'entrer. Le Roi le voulut bien, & ce fut par le moyen de cet Interprête que je répondis aux Questions que Sa Majesté me fit pendant l'espace d'une bonne heure. Je parlois la Langue de *Balnibarbi*, & mon Interprête exprimoit ce que je venois de dire en celle de *Luggnagg*. Le Roi prit beaucoup de plaisir à cette espèce de conversation, & ordonna à son *Blissmarklub*, ou grand Chambellan, d'avoir soin que mon Interprête & moi fussions logez à la Cour, & qu'il ne nous manquât rien.

Je m'arrêtai trois mois dans ce Païs, & cela par complaisance pour le Roi, qui paroissoit souhaiter que j'y fisse un plus long séjour, & qui me fit les offres les plus honorables pour m'y retenir. Mais je crus qu'il seroit plus conforme aux règles de la prudence & de la justice, de passer le reste de mes jours avec ma Femme & mes Enfans.

CHAPITRE X.

Eloge des Luggnaggiens. *Description particuliére des* Struldbruggs, *avec plusieurs Conversations entre l'Auteur & quelques personnes de la premiére Distinction sur ce sujet.*

LEs *Luggnaggiens* sont le Peuple du Monde le plus poli & le plus généreux, & quoi qu'ils ne soient pas tout à fait exempts de cet orgueil qu'on remarque dans presque toutes les Nations de l'Orient, ils ne laissent pas d'être généralement parlant fo-
hon-

honnêtes à l'égard des Etrangers. J'avois le bonheur d'être sur un grand pied de familiarité avec plusieurs Seigneurs de la Cour, & ayant toûjours mon Interprête avec moi, nos Entretiens n'étoient point désagréables.

Un jour dans une Compagnie fort nombreuse, une personne de Qualité me demanda si j'avois vû quelqu'un de leurs *Struldbruggs* ou Immortels. Je dis que non, & marquai souhaiter de sçavoir en quel sens ce titre pouvoit être apliqué à une Créature mortelle. Ce Seigneur me répondit, que quelquefois, quoi que rarement, il naissoit parmi eux des Enfans qui avoient une tache rougeâtre & d'une figure circulaire sur le front, directement au dessus de la paupiére gauche, ce qui étoit une infaillible marque d'immortalité. Il ajouta, que la tache étoit d'abord fort petite, mais qu'elle devenoit plus grande à mesure que l'Enfant croissoit, & changeoit aussi de couleur: que depuis l'âge de douze ans jusqu'à celui de vingt-cinq, elle étoit verte, après cela d'un bleu foncé, & à quarante cinq ans noire comme du Charbon; après quoi elle ne souffroit plus aucun changement. Ces sortes de Naissances, poursuivit-il, sont si rares, que je ne crois pas qu'il y ait plus d'onze cent *Struldbruggs* de l'un & l'autre sexe dans tout le Royaume. Que ces productions n'étoient pas particuliéres à de certaines Familles, mais un pur effet du Hazard, & que les Enfans des *Struldbruggs* étoient sujets à la Loi du trépas ni plus ni moins que les autres Mortels. J'avouë que ce Recit me causa un plaisir inexprimable : & comme celui qui me le faisoit entendoit la Langue de *Balnibarbi*, que je parlois fort bien, je ne pus m'empêcher de faire des Exclamations peut-être un peu extravagantes. Je m'écriai comme ravi hors de moi-même ; Heureux Peuple où chaque Enfant a eu du moins la possibilité d'être Immortel ! Nation heureuse, devant les yeux de qui sont étalez tant de vivans exemples de l'Antique vertu, & qui renferme dans son sein des Maîtres prêts à l'instruire dans la sagesse de tous les siécles ! Mais mille & mille fois plus heureux encore ces admirables *Struldbruggs*, qui naissent exempts du plus afreux de tous les maux, & dont les ames ne sont pas continuellement agitées par l'horrible frayeur de la mort ! Je fis paroître quelque étonnement de n'avoir vû à la Cour aucun de ces Illustres Personnages : une tache noire au front étant quelque chose de trop remarquable pour que je ne m'en fusse pas aperçû d'abord ; & m'imaginant d'ailleurs qu'il étoit impossible que Sa Majesté, qui étoit un Prince fort judicieux, n'en eût choisi un bon nombre pour lui servir de Conseillers. Mais, poursuivis-je, peut-être que ces Venerables Sages ne veulent pas respirer un air aussi corrompu que celui de la Cour ; ou bien, qu'on n'a pas assez de déference pour leurs Avis, comme on voit parmi nous de jeunes Gens trop vifs & trop peu dociles pour se laisser conduire par les

Conseils de quelques prudens Vieillards. Que quoi qu'il en fût à ces égards, puisque le Roi me permettoit quelquefois de le saluer, j'étois resolu de lui déclarer librement & au long mon sentiment à la premiére occasion, par le secours de mon Interprête; & que soit qu'il en profitât ou non, j'étois dans le dessein d'accepter l'offre que Sa Majesté m'avoit faite plus d'une fois, & de passer le reste de mes jours dans son Païs, pour devenir plus sage & meilleur par le commerce de ses Etres superieurs, dont il venoit de me parler, si tant il y a qu'ils daignassent m'admettre parmi eux. Le Gentilhomme à qui j'adressai ce Discours, parce que (comme je l'ay déja remarqué) il parloit la Langue de *Balnibarbi*, me dit avec cette sorte de souris, qu'arrache la pitié qu'on a pour l'ignorance, qu'il étoit charmé qu'il y eût quelque chose qui fut capable de me retenir parmi eux, & qu'il me prioit de lui permettre d'expliquer à la compagnie ce que je venois de dire. Il le fit, & ces Messieurs causérent quelque tems ensemble dans leur Langue, sans que j'entendisse un seul mot de tout ce qu'ils dirent, ni que je pusse remarquer par leur air quelle impression mon Discours avoit faite sur eux. Après un silence de quelques instans, le même Seigneur me dit que ses Amis & les miens (ce furent ses termes) étoient charmez des Réflexions judicieuses que j'avois faites sur les Avantages d'une vie Immortelle, & qu'ils souhaitoient que je leur déclarasse

claraſſe d'une manière un peu détaillée, quel plan de vie je me ferois fait, ſi j'avois eu le bonheur de naître *Struldbrugg*.

Je répondis qu'il n'étoit guères difficile d'être éloquent ſur un ſi beau & ſi riche ſujet, particuliérement à moi, qui m'étois ſouvent amuſé à ſonger ce que je ferois, ſi j'étois Roi, Général, ou Grand Seigneur: Qu'à l'égard du cas propoſé, j'avois réfléchi plus d'une fois ſur la manière dont je paſſerois mon tems, ſi j'étois ſûr de ne pas mourir.

Que ſi j'avois eu le bonheur de naître *Struldbrugg*, dès que j'aurois connu l'excès de ma Félicité, je me ferois d'abord ſervi de toutes ſortes de moyens pour aquerir des Richeſſes. Qu'à force d'Adreſſe & d'Aplication j'aurois pû en moins de deux Siécles devenir un des plus riches Particuliers du Royaume. En ſecond lieu, que dès ma plus tendre jeuneſſe, j'aurois tâché de me perfectionner dans toutes ſortes de Sciences, afin de ſurpaſſer un jour tous les Hommes du monde en Habileté & en Savoir. Enfin, que je mettrois ſoigneuſement par écrit chaque Evenement conſidérable, de la verité duquel je ſerois informé: Que je tracerois ſans aucune ombre de partialité les Caractéres des Princes & des plus fameux Miniſtres d'Etat, qui ſe ſuccederoient les uns aux autres: Que je marquerois exactement les diférens changemens qui arriveroient dans les Coutumes, le Langage, les Modes, & les Divertiſſemens de mon Païs. Et que par ces moyens j'eſperois de devenir un Tréſor vivant de Connoissances & de Sagesse, aussi bien que l'Oracle de ma Nation.

Dès que j'aurois atteint l'âge de soixante ans, leur dis-je en poursuivant mon Discours, je ne songerois plus à me marier, mais pratiquerois les Loix de l'Hospitalité, quoiqu'avec retenue.

Je m'occuperois à former l'Esprit & le Cœur de quelques jeunes Gens de grande espérance, en les convainquant par mes Observations & par de nombreux Exemples, de l'utilité & de l'excellence de la vertu. Mais je choisirois pour mes Compagnons perpétuels d'autres Immortels comme moi, parmi lesquels il y auroit une douzaine des plus Anciens, dont je ferois mes Amis particuliers. Si quelques-uns de ceux-ci ne se trouvoient pas dans un état opulent, je les logerois dans ma Maison, & en aurois toûjours quelques-uns à ma Table, à laquelle je n'admettrois qu'un très-petit nombre de vous autres mortels, que je regarderois du même œil dont un homme considére la succession annuelle des Tulippes & des Oeillets de son Jardin : les Fleurs qu'il voit le divertissent pendant quelques instans, mais ne lui font point regretter celles de l'année passée.

Mes Compagnons Immortels & moi, no nous communiquerions les uns aux autres nos Observations, & ferions des Remarques sur les diférentes maniéres dont la corruption se glisse dans le Monde, afin d'en préserver les Hommes par de sages Leçons, & par l'Ascendant de nôtre Exemple

ple ; Remedes qui selon toutes les aparences empêcheroient cette dépravation de la Nature humaine, dont on s'est plaint avec tant de Raison dans tous les âges.

Ajoutez à cela le plaisir de voir les plus étonnantes Revolutions d'Etat : d'anciennes Citez tombant en ruines : d'obscurs Villages devenant des Capitales d'Empires : de fameuses Riviéres changées en petits Ruisseaux : l'Ocean laissant un Païs à sec, pour en couvrir un autre de ses ondes : les Sciences établissant leur Siége dans de certains Pays, & quelques Siécles après paroissant les avoir quitez pour jamais. Je pourrois alors me promettre de voir le jour où l'on auroit trouvé la *Longitude*, le *Mouvement Perpetuel*, & la *Medecine Univerfelle*, aussi bien que plusieurs autres belles Inventions.

Quelles magnifiques Découvertes ne férions-nous point en Astronomie, en survivant à nos Prédictions les plus reculées, & en observant les Retours periodiques des Cometes, & tout ce qui a du raport au mouvement du Soleil, de la Lune & des Etoiles.

Ce ne fut là que l'Exorde. Mon amour pour la vie rendit la suite de mon Discours bien plus longue. Quand j'eus fais, & que ce que je venois de dire eut été expliqué comme auparavant au reste de la Compagnie, ils parlérent quelque tems entr'eux, & me parurent un peu rire à mes Dépens. A la fin le même Gentilhomme, qui m'avoit servi d'Interprête, dit qu'il étoit chargé de la part de ces autres Messieurs de me redreſſer ſur quelques Erreurs dans leſquelles l'imbecillité ordinaire de la Nature humaine m'avoit fait tomber. Que cette Race de *Struldbruggs* étoit particuliere à leur Païs, puiſqu'il ne s'en trouvoit point ni dans le Royaume de *Balnibarbi*, ni dans l'Empire du *Japon*, où il avoit eu l'honneur d'être Ambaſſadeur de la part de Sa Majeſté, & qu'il avoit trouvé les Naturels de l'un & de l'autre de ces Pays auſſi incredules ſur le Chapitre des *Struldbruggs* que je l'avois paru moi-même. Que dans les deux Empires ſuſdits, dans leſquels il avoit fait un aſſez long ſéjour, le deſir de vivre long-tems étoit un deſir général. Que quiconque y avoit un pied dans le Tombeau, retenoit l'autre le plus qui lui étoit poſſible. Que le plus vieux y eſperoit de vivre encore un jour, & regardoit la mort comme le plus affreux de tous les maux ; mais que dans l'Iſle de *Luggnagg* le deſir de vivre n'étoit pas ſi ardent, parce qu'on y avoit l'exemple des *Struldbruggs* continuellement devant les yeux.

Que le plan de vie que j'avois fait étoit déraiſonnable & injuſte, parce qu'il ſuppoſoit une éternité de Jeuneſſe, de Santé, & de Vigueur, que perſonne ne ſçauroit avoir la Folie de ſe promettre, quelque extravagant qu'on ſoit en fait de ſouhaits. Que par conſéquent, la Queſtion n'étoit pas de ſçavoir ſi un Homme voudroit être toûjours jeune & toûjours heureux, mais comment il paſſeroit une vie ſans fin, ſujette aux incommoditez qui ſont l'appanage ordinaire e la vieillesse. Car, ajoutoit-il, quoique peu d'Hommes voulussent avoüer qu'ils souhaiteroient d'être Immortels même à de si dures onditions, j'ai pourtant remarqué dans les mpires de *Balbinarbi* & du *Japon*, que chacun herche à renvoyer la mort quelque tard u'elle vienne, & je n'ai presque point vû 'Exemples d'Hommes qui mourussent volonairement, à moins que d'y avoir été portez ar d'excessives Douleurs. Et j'en appelle à ôtre conscience, me dit il, si vous n'avez renarqué la même chose dans les païs où vous vez voyagé.

Après cette Preface, il entra dans un Detail fort circonstancié touchant les *Struldbruggs*. Il dit qu'ils agissoient comme les autres Hommes jusqu'à l'âge de trente ans, arès quoi on remarquoit en eux une espèce de Melancolie qui augmentoit de jour en our jusqu'à ce qu'ils eussent quatre-vingts ns Qu'il savoit cela par leur propre Confession : parce que, comme chaque siecle ne produit que deux ou trois de cette Espece, e nombre ne suffit pas pour faire quelque Observation generale. Quand ils ont passé les quatre-vingt ans, ce qui pour les autres habitans de ce pays, est le dernier Terme auquel ils puissent ateindre, ils sont non seulement sujets à toutes les Folies & à toutes les Infirmitez des autres Vieillards, mais aussi à de certains Défauts qui naissent de la terrible certitude de leur Immortalité. Ils sont non seulement Vains, Opiniâtres, Avares, de mauvaise Humeur, & Babillards, mais aussi entiérement incapables d'Amitié. Envie

&

& desirs impuissants sont leurs passions ordinaires. Mais les objets contre lesquels leur Envie se dechaine principalement, sont les vices des Jeunes, & la mort des Vieux. En reflechissant sur ceux-là, ils se trouvent exclus même de la possibilité de gouter jamais aucun plaisir, & quand ils voyent un Convoi funebre, ils se plaignent que d'autres sont entrez dans un Port, où eux-mêmes ne pourront jamais arriver. Ils ne se souviennent de rien que de ce qu'ils ont remarqué & apris dans leur Jeunesse, & cela même est encore fort defectueux. Et pour ce qui regarde la Certitude ou les particularitez de quelques Faits, on peut faire plus de fond sur les Traditions communes, que sur leurs meilleurs Memoires. Les moins miserables de ces Vieillards éternels sont ceux qui ont le bonheur de radoter, & de perdre absolument la Memoire; parce que, n'ayant pas un grand nombre de mauvaises Qualitez, qui rendent les autres haïssables, on est plus porté à avoir pitié d'eux & à les secourir.

Si un *Struldbrugg* épouse une personne immortelle comme lui, le Mariage ne subsiste que jusqu'à ce que le plus jeune des deux ait ateint l'âge de quatre-vingt ans. Car nos Loix trouvent qu'il est juste que celui, qui, sans qu'il ait merité ce malheur par sa faute, est condamné à rester toûjours sur la Terre, ne soit pas rendu doublement malheureux par une Femme éternelle.

Dès qu'ils ont quatre-vingt Ans, la Loi les considere comme morts ; leurs Heritiers s'emparent de leurs Biens, excepté une petite

ite portion qu'on reserve pour leur Entretien, les Pauvres d'entr'eux sont entretenus à la harge du Public. Après ce periode ils sont enus pour incapables de s'aquiter d'aucune harge, & on ne les admet pour Témoins 'ans aucune Cause, soit Civile, soit Crimielle.

A quatre-vingt & dix Ans ils perdent leurs Dents & leurs Cheveux, ne trouvent plus de gout à rien, mais mangent & boivent sans apetit & sans plaisir : Les Maladies auxquelles ils sont sujets allant leur train ordiaire sans croitre ni diminuer. En parlant ils ublient les Noms les plus ordinaires des hoses, aussi bien que celui des personnes, quand même ce seroient leurs plus intimes Amis, ou leurs plus proches Parens. Pour la même raison ils ne sçauroient jamais s'occuper à lire, parce que leur Memoire est si eu ferme que le commencement d'une Phrase est toûjours effacé de leur souvenir quand ils en lisent la fin : Malheur qui les prive du seul Divertissement dont ils seroient capables.

Le Langage étant fort sujet au Changement, les *Struldbruggs* d'un siécle n'entendent pas ceux d'un autre, & sont, lorsqu'ils ont passé deux cent ans, incapables de lier Conversation avec leurs voisins les Mortels, ce qui leur donne le desavantage d'être comme Etrangers dans leur propre Païs.

Tel fut, autant qu'il m'en peut souvenir, le Recit qu'il me fit touchant les *Struldbruggs*. J'en vis dans la suite cinq ou six de diferens

A-

Ages, mais dont le plus jeune n'étoit vieux que de deux siécles ; J'eus même le plaisir de passer quelques Heures avec deux ou trois d'entr'eux ; mais quoi qu'on leur eut dit que j'étois un grand Voyageur, qui avois vû la plus grande partie de la Terre, ils n'eurent pas la moindre curiosité de me faire quelques Questions, & se contentérent de me demander un *Slums Kudask*, ou marque de souvenir, ce qui est une maniére honnête de demander l'Aumône, sans que la Loi, qui le défend, soit ouvertement violée.

Tout le Monde les hait & les méprise; & la Naissance d'un d'eux est mis au nombre des funestes présages. La meilleure maniére de savoir leur Age est de leur demander de quel Roi ou de quel grand Personnage ils se souviennent, & après cela de consulter l'Histoire, car il est certain que quand ils avoient quatre-vingts Ans, le dernier Prince dont ils avoient conservé le souvenir n'avoit pas encore commencé son Regne.

Leur vuë est de tous les Spectacles le plus mortifiant, & les Femmes parmi eux sont encore plus horribles que les Hommes. Par dessus les Diformitez ordinaires à un âge avancé, ils ont je ne sçai quelle Laideur particuliére encore, qui s'augmente avec les Années, & qu'il est impossible de décrire. Et à cet égard je puis me vanter, que parmi une demie douzaine de *Struldbruggs* je distinguai d'abord le plus vieux, quoi qu'il n'y eût pas plus de deux siécles de diference.

Le

Le Lecteur croira facilement que ce que [je] venois d'entendre, diminua de beaucoup [l']Envie que j'avois de vivre toûjours. J'eus [d]onte des visions extravagantes dans lesquel[l]es j'avois donné, & fus persuadé que le [T]yran le plus cruel auroit peine à inventer un [g]enre de mort par lequel je refusasse de pas[s]er pour finir une pareille vie. On conta au [R]oi tout ce qui s'étoit passé sur ce sujet en[t]re moi & mes Amis. Ce Prince me fit l'hon[n]eur de me railler là dessus, me demandant [s]i je ne voulois pas transporter dans mon païs [u]ne paire de *Struldbruggs*, pour armer mes [C]ompatriotes contre la Frayeur de la Mort ; [m]ais il semble que cela soit défendu par les [L]oix fondamentales du Royaume : car sans [c]ela j'aurois été charmé de faire la Depense [d]e les transporter. Je fus obligé d'avoüer que [l]es Loix de ce Royaume touchant les *Struldruggs*, étoient apuyées sur de très solides [r]aisons, & telles, que tout autre pays seroit [o]bligé de les adopter, s'il avoit de pareils [h]ommes dans son sein. Autrement, comme [l]'Avarice est une passion en quelque sorte es[s]entielle à la Vieillesse, ces Immortels de[v]iendroient avec le Tems possesseurs de tous les Biens de la Nation, & s'empareroient de toute l'Autorité : d'où il arriveroit que manquant de Talens pour faire un bon usage du pouvoir qu'ils auroient entre les Mains, le Gouvernement, dont ils seroient les soutiens, couleroit bientôt sur ses Fondemens.

CHA-

CHAPITRE XI.

L'Auteur quite Luggnagg *& va au Ja-*
pon : d'où il se rend sur un Vaisseau
Hollandois à Amsterdam, *& d'Amster-*
dam en Angleterre.

J'Ay cru que ce Recit touchant les *Struld-*
bruggs ne seroit pas desagréable au Lecteur, ne me souvenant pas d'avoir jamais lû
quelque chose de pareil dans aucun Livre de
Voyages qui me soit tombé entre les mains.
Que si ce Trait Historique n'est pas si nouveau
pour mes Lecteurs que je me le suis imaginé,
je tirerai mon Apologie de la necessité où se
trouvent des Voyageurs, qui font la Description du même Pays, de raconter les
mêmes particularitez, sans qu'on puisse pour
cela les accuser de s'être copiez les uns les
autres.

Il y a un commerce perpetuel entre les
Habitans de ce Royaume & ceux du *Japon*,
& il est très aparent que les Auteurs *Japonois*
auroient pû me donner quelques lumiéres
sur le Chapitre des *Struldbruggs* ; mais je fis
si peu de séjour dans cet Empire, & j'en sçavois si peu la Langue, qu'il me fut impossible de demander ou de recevoir à cet égard
quelques Eclaircissemens. Mais j'espére que
la Lecture de mon Livre donnera à quelque

Hollandois la curiosité de faire sur ce sujet de lus amples imformations.

Le Roi de *Luggnagg* m'ayant plusieurs fois pressé d'accepter quelque Emploi à sa Cour, & me trouvant inébranlable dans le Dessein de retourner dans mon païs, m'acorda la permission de partir, & me donna une Lettre de Recommandation écrite de sa propre Main pour l'Empereur du *Japon*. Il me fit aussi present de quatre cent quarante & quatre grandes piéces d'or (cette Nation aimant fort les nombres pairs,) & d'un Diamant que je vendis en *Angleterre* pour onze cent guinées.

Le sixiéme de *May* 1709. je pris congé solemnellement de sa Majesté & de tous mes Amis. Ce Prince eut la bonté d'ordonner qu'un Detachement de sa Garde me conduisît à *Glanguenstald*, qui est un Port de mer situé au *Sud-VVest* de l'Isle. Six jours après mon Arrivée, il y eut un Vaisseau prêt à faire voile pour le *Japon*, & nous fîmes ce Trajet en quinze jours. Nous primes Terre à une petite Ville Maritime nommée *Xamoschi*, & située au *Sud Est* du *Japon*. Je montrai d'abord aux Officiers de la Doüane la Lettre du Roi de *Luggnagg* pour sa Majesté Imperiale.

Ils connoissoient parfaitement bien le Cachet de ce Prince, qui étoit de la largeur de la paume de ma main. Ce cachet representoit *un Roi levant de terre un Gueux estropié*. Les Magistrats de la Ville ayant été informez que j'avois une Lettre pour l'Empereur, me reçurent comme un Ministre public, eurent

rent soin de me pourvoir de Domestiques pour me servir, & de Voitures pour transporter mon Bagage à *Yedo*, où je fus admis à l'Audience, & délivrai ma Lettre, qui fut ouverte avec grande Ceremonie, & expliquée à l'Empereur par un Interprête, qui me dit après cela de la part de sa Majesté que si j'avois quelque Requête à presenter, je pouvois être sûr qu'elle me seroit octroyée pour l'Amour du Roi de *Luggnagg*. Cet Interprête avoit été employé depuis long-tems dans les Affaires des *Hollandois* : il demêla facilement que j'étois *Européen*, & pour cette cause il exprima ce que l'Empereur venoit de dire en *Hollandois*, qu'il parloit parfaitement bien. Je repondis (conformément à la Resolution que j'en avois prise) que j'étois un Marchand *Hollandois*, qui avois fait Naufrage sur les Côtes d'un païs fort éloigné, d'où je m'étois rendu en partie par Mer & en partie par Terre à *Luggnagg*, & de là au *Japon*, où je savois que ceux de mon pays envoyoient souvent des Vaisseaux, sur un desquels j'avois esperé de m'en retourner en *Europe* : Que pour cet éfet je supliois très-humblement sa Majesté de donner ordre que je fusse conduit & escorté jusqu'à *Nangesac* : A cette Faveur je priai que pour l'Amour de mon Patron le Roi de *Luggnagg*, l'Empereur voulût bien en ajouter une autre, qui étoit de me dispenser de la Ceremonie imposée à mes Compatriotes de *fouler aux pieds la Croix*, parce que c'étoit mon Infortune, & non pas l'intention de faire quelque Commerce qui m'avoit conduit dans son Pays.

Quand

Quand cette derniére Demande eut été expliquée à l'Empereur, il parut un peu surpris, & dit, qu'il croyoit que j'étois le premier de mes Compatriotes qui eût jamais fait quelque Difficulté sur ce point, & qu'il commençoit à douter que je fusse un *Hollandois*; mais qu'il me soupçonnoit plutôt d'être un CHRETIEN. Que cependant à cause des Raisons que j'avois aleguées, mais principalement par amitié pour le Roi de *Luggnagg*, il se prêteroit à la *singularité* de mon humeur, mais que l'Affaire devoit être adroitement ménagée, & que ses Officiers auroient ordre de me laisser passer comme si c'étoit par inadvertance. Je rendis mille graces par la bouche de mon Interprete pour une Faveur si signalée, & quelques Troupes étant en ce tems-là en marche vers *Nangesac*, l'Officier Commandant eut ordre de m'y conduire, avec quelques Instructions sur l'Affaire de la Croix.

Le 9. *Juin* 1709. J'arrivai à *Nangesac*, après un assez long & encore plus incommode Voyage. Je ne tardai guères à faire connoissance avec quelques Matelots *Hollandois* d'un Vaisseau nommé *Amboine*, de 450. Tonneaux. J'avois vécu assez longtems en *Hollande*, poursuivant mes Etudes à *Leide*, & je parlois assez bien *Flamand*. Les Matelots furent bien-tôt informez d'où je venois en dernier lieu, ils eurent la curiosité de me demander l'Histoire de ma vie & le détail de mes Voyages. Je leur fis un Recit abregé, probable & peu sincére. Je con-

Tom. II. 1. Part. E nois-

noiſſois pluſieurs perſonnes en *Hollande*, & il ne me fut pas difficile d'inventer des Noms ſupoſez pour mes Parens, que je dis être de pauvres gens de la Province de *Gueldres*. J'aurois volontiers donné au Capitaine (un certain *Thoodore van Grult*) tout ce qu'il m'auroit demandé pour me tranſporter en *Hollande* ; mais quand il eut apris que j'étois Chirurgien, il ſe contenta de la moitié de la ſomme ordinaire, à condition que je le ſervirois dans ma profeſſion durant le Voyage. Avant que de nous embarquer, quelques-uns de l'Equipage me demandérent ſouvent ſi j'avois accompli la Ceremonie dont j'ay parlé. J'eſquivai la Queſtion par des Reponſes vagues, diſant que j'avois fait tout ce que l'Empereur avoit exigé de moi. Cependant, un méchant Coquin de Matelot s'adreſſant à un Officier, & me déſignant du doigt, dit que je n'avois pas encore *foulé aux pieds le Crucifix*; mais l'Officier qui avoit reçu ordre qu'on ne me fît point de peine, donna à ce Matelot une volée de coups de Bâton, après quoi je ne fus plus expoſé à des Queſtions de ce genre.

Il ne m'arriva rien pendant ce Voyage qui vaille la peine d'être raconté. Nous eumes le vent en poupe juſqu'au *Cap de Bonne Eſperance*, où nous nous pourvûmes d'Eau douce. Le 16. d'Avril nous arrivâmes ſains & ſaufs à *Amſterdam*, n'ayant perdu que trois Hommes qui étoient morts de Maladie, & un quatriéme qui étoit tombé du grand Mât dans la Mer, près des Côtes de Guinée.
A.

Après m'être arrêté quelques jours à *Amsterdam*, je m'embarquai pour *l'Angleterre*, sur un petit Vaisseau qui apartenoit à cette Ville. Le 10. *d'Avril* 1710. nous arrivames aux *Dunes*. Le lendemain je mis pied à Terre, & eus le plaisir de revoir ma Patrie après une absence de cinq Ans & six mois. J'arrivai chez moi le même jour, & trouvai ma Femme & mes Enfans en parfaite santé.

Fin de la Troisiéme Partie.

VOYAGES
DU CAPITAINE
LEMUEL GULLIVER,
EN
DIVERS PAYS
ELOIGNEZ.

TOME SECOND.

Seconde Partie.

Contenant le Voyage au Pays des Houyhnhnms.

NOUVELLE TRADUCTION
plus ample, plus exacte, & plus fidéle, que celle de Paris, avec Figures, & Cartes Geographiques.

A LA HAYE,
Chez P. GOSSE & J. NEAULME.
MDCCXXVII.

Fig. VI.   Tom. II. pag. 101.

TERRE DE NUYTS.

Edels Land.   I. St Pierre.

Lewins Land.   I. St François.

Sweers I.

I. Maetsuyker.

De Wits I.

PAYS DES HOUYHNHNMS

Decouvert A. 1711.

VOYAGES.

PART. IV.
VOYAGE AU PAYS DES HOUYHNHNMS.

CHAPITRE I.

L'Auteur entreprend un Voyage en Qualité de Capitaine d'un Vaisseau. Ses gens conspirent contre lui, le tiennent pendant quelque tems renfermé dans sa Cabane, & le mettent à Terre dans un Pays inconnu. Il avance dans le Pays. Description d'un Etrange Animal nommé Yahoo. L'Auteur rencontre deux Houyhnhnms.

JE passai environ cinq Mois dans ma Maison avec ma Femme & mes Enfans, & aurois été fort heureux si j'avois sû sentir mon Bonheur. Je laissai ma Femme enceinte, & acceptai une offre fort avantageuse qui me fut faite d'être Capitaine du *Hazardeux*, Vaisseau Marchand de 350. Tonneaux: Car j'entendois fort bien la Navigation, & étant las de l'Emploi de Chirurgien sur Mer, (Emploi néanmoins auquel je ne renonçois pas si absolument que je ne fusse prêt à l'exercer en tems & lieu) j'engageai en cette qualité un certain *Robert Purefoy*, jeune Homme assez Habile dans sa Profession. Nous partimes de *Portsmouth* le second d'*Aoust* 1710. le quatorziéme nous rencontrâmes le Capitaine *Pocock* qui aloit à la Baye de *Campêche* pour y couper du Bois du même nom. Le 16. nous fumes separez de lui par une Tempête ; j'apris à mon Retour que son Vaisseau avoit coulé à fond, & que de tout l'Equipage il n'y avoit qu'un seul Mousse qui se fût sauvé. C'étoit un honête Homme & un fort bon Marinier, mais un peu trop positif dans ses sentimens, ce qui fut la cause de sa perte, comme ce l'a été de celle de plusieurs autres. Car s'il avoit suivi mon Avis, il seroit peut-être à present comme moi sain & sauf au milieu de sa Famille.

Des Fiévres chaudes m'emportérent tant de monde, que je fus obligé de toucher aux *Barbades* pour y faire de nouvelles Recrues. Mais je ne tardai guéres à me repentir du choix que je fis, ceux que je pris à mon Bord ayant presque tous été Boucaniers. Tout l'Equipage de mon Vaisseau consistoit en vingt-cinq Hommes, & mes ordres portoient que je trafiquerois avec les *Indiens* de

la

la *Mer du Sud*, & que je tâcherois de faire quelques nouvelles Découvertes. Ces Boucaniers debauchérent le reste de mes gens, & tous ensemble formérent le Dessein de se rendre Maîtres du Vaisseau ; Dessein qu'ils executérent un beau Matin en se jettant tout d'un coup dans ma Cabane, & en me liant pieds & mains, avec menace de me jetter dans la Mer si je faisois la moindre Resistance. Je leur dis que je me reconnoissois leur prisonnier, & que je leur promettrois la plus entiére soumission. Ils exigérent de moi que je confirmasse cette promesse par serment; après quoi ils me deliérent, à un de mes Bras près qu'ils atachérent avec une Chaine à mon Lit, & placérent une sentinelle avec un Fusil chargé à ma porte, avec ordre de tirer sur moi, dès que je ferois le moindre éfort pour me detacher. Ils m'envoyerent à manger & à boire, & se chargérent du Gouvernement du Vaisseau. Leur Dessein étoit de pirater sur les *Espagnols*, ce qu'ils ne pouvoient faire à moins que d'être plus forts de Monde. Mais avant que de rien entreprendre, ils étoient dans l'intention de vendre les Marchandises qui étoient dans le Vaisseau, & puis d'aller à *Madagascar* pour y faire des Recrues, quelques-uns d'eux étant morts depuis qu'ils m'obligeoient à garder la Chambre. Cette espèce de prison dura quelques semaines, pendant lesquelles ils firent commerce avec les *Indiens*, sans que je sçusse quel Cours ils prenoient, étant étroitement gardé dans ma Cabane, & atendant à tout moment qu'ils executeroient

E 4 la

la menace de me tuer, qu'ils me faisoient regulièrement huit ou dix fois par jour.

Le 9. *May* 1711. un certain *Jaques VVelch* vint me trouver, & dit qu'il avoit ordre du Capitaine de me mettre à Terre. Je tâchai de le fléchir par mes priéres, mais je n'en pus venir à bout; il poussa même la Cruauté jusqu'à refuser de me dire seulement le Nom de leur nouveau Capitaine. Quand il eut fait sa Commission, lui & ses Compagnons me forcèrent à descendre dans la Chaloupe, en me permettant de mettre mon meilleur Habit, & de prendre avec moi un petit paquet de Linge, mais point d'Armes, excepté mon Epée : ils eurent même la politesse de ne pas visiter mes poches, dans lesquelles j'avois mis tout mon Argent, & quelques autres Bagatelles. Ils firent environ une lieuë à force de Rames, & puis me mirent sur le Rivage. Je les conjurai de me dire dans quel pays j'étois : Ils me protestérent tous qu'ils le savoient aussi peu que moi, mais me dirent que le Capitaine (comme ils l'appelloient) avoit resolu, après s'être défait des Marchandises, de me mettre à Terre sur la premiere Côte que nous decouvririons. En prononçant ces mots, ils s'éloignerent de moi, me disant en guise d'Adieu, que si je ne voulois pas être surpris par la Marée, je ferois fort bien de ne pas rester long-tems dans l'endroit où j'étois.

Dans cette afreuse situation je gagnai le haut du Rivage, où je m'assis pour me reposer un peu, & pour refléchir sur le parti que je devois prendre. Après une mûre Delilibération, je pris la Résolution d'avancer dans le païs, de me rendre aux premiers Sauvages que je rencontrerois, & de racheter ma vie en leur donnant quelques Bracelets, quelques Bagues de cuivre, & quelques Verroteries; Bagatelles dont on se pourvoit dans ces sortes de Voyages, & dont j'avois par bonheur quelques unes sur moi. Je vis sur ma Route un grand nombre d'Arbres, qui me parurent être des productions de la Nature, parce que je ne remarquois aucun ordre dans leur Arrangement; plusieurs Prez, & quelques Champs d'Avoine. Je marchai avec beaucoup de circonspection, craignant qu'on ne me tirât quelque Flêche par derriére ou de côté. Je tombai dans un grand chemin, où je vis plusieurs Traces d'Hommes, quelques unes de Vaches, mais un nombre bien plus considérable de celles de Chevaux. Enfin j'aperçus diferens Animaux dans un Champ, & un ou deux de la même sorte assis dans des Arbres. Ils étoient d'une Figure fort vilaine & tout à fait extraordinaire. J'en eus un peu peur, & pour les mieux considerer, je me cachai derriére un Buisson.

Quelques-uns d'eux s'étant aprochez de la place où j'étois, j'eus ocasion de les voir distinctement. Leurs Têtes & leurs Poitrines étoient couvertes de Cheveux: ils avoient des Barbes pareilles à celles des Boucs, & leur corps étoit generalement parlant couleur de peau de Bufle. Je les voyois grimper sur de hauts Arbres avec autant d'Agileté qu'auroit pû faire un Ecureuil; car ils avoient de fortes pates qui se terminoient en pointes crochues. Ils fautoient fort loin & couroient d'une prodigieuse vitesse. Les Femelles étoient plus petites que les *Males* : leurs Mammelles pendoient entre leurs pieds de devant, & touchoient presque à terre quand elles marchoient. Les Cheveux de ces Animaux, tant de l'un que de l'autre sexe, étoient de diferentes couleurs : les uns les avoient bruns, d'autres roux, d'autres noirs, & d'autres enfin jaunes. Tout compté, je ne me souviens pas d'avoir vû dans aucun de mes Voyages des Animaux plus desagréables, ni contre lesquels j'aye senti une plus forte Antipathie. N'ayant donc que trop satisfait ma curiosité, je poursuivis mon chemin, esperant qu'il me conduiroit à la Cabane de quelqu'*Indien*. A peine eus-je fait quelques pas, que je rencontrai nez à nez une de ces Creatures dont je viens de parler. Le vilain Monstre ne m'eût pas plutôt aperçû, qu'il fit plusieurs grimaces, dans lesquelles je crus demêler son Etonnement ; puis s'aprochant de moi, il leva sa pate de devant, sans que je susse si c'étoit par Mechanceté ou par simple Curiosité. Mais de peur d'Equivoque, je mis Flamberge au vent, & lui donnai un coup du plat de mon Epée, car je ne voulois pas le blesser, de peur que cette Action violente, commise à l'égard d'un Animal qui pouvoit leur apartenir, n'irritât les Habitans contre moi. Cependant le coup que j'avois donné à cette Bête fut assez douloureux, pour qu'elle prît la fuite, en jettant des cris, qui atirerent hors du champ voisin une quarantaine d'Animaux de la même sorte, dont je fus regardé d'assez mauvais œil. De peur d'insulte néanmoins je me mis le dos contre un Arbre, & fis le Moulinet avec mon Epée, quoi qu'à dire le vrai je ne fusse rien moins qu'à mon Aise.

Au milieu de cet embarras, quel ne fut pas mon Etonnement, quand je vis ces Animaux se sauver à toutes Jambes, & me laisser librement poursuivre ma route, sans qu'il me fût possible de comprendre la cause d'un changement si soudain? Mais ayant tourné la Tête à gauche, j'aperçus un Cheval qui se promenoit au petit pas dans le Champ; & c'étoit ce Cheval, qu'ils avoient aperçu avant moi, qui, à ce que j'apris depuis, étoit la cause de leur Fuite. Le Cheval me parut un peu effrayé en me voyant, mais se remettant d'abord de sa crainte, il considera mon Visage avec de manifestes marques d'étonnement: il regarda avec attention mes mains & mes pieds, & fit plusieurs fois le tour de mon corps. Je voulois continuer mon Chemin, mais il me le barra en s'y mettant en travers, quoique d'ailleurs il n'eût pas l'Air menaçant, & qu'il ne me parût pas avoir Dessein de me faire la moindre violence. Nous fumes l'un & l'autre pendant quelques minutes dans cette situation; à la fin je pris la hardiesse d'étendre la main sur son Cou, dans le dessein de le flater, en me servant de cette sorte de sifflement & de mots, qui sont en usage parmi les Maquignons, quand ils veulent manier un Cheval étranger. Mais cet Animal parut recevoir mes Caresses avec Dedain, car il branla la tête, fronça le sourcil, & écarta doucement ma Main avec son pied droit de devant. Après quoi il hennit trois ou quatre fois, mais d'une maniere si extraordinaire que je crus que c'étoit une espéce de Langage, qui lui étoit particulier, qu'il parloit.

Sur ces entrefaites arrive un second Cheval, qui s'aproche de l'autre d'un Air degagé & honête, lui hennit quelques sons, qui me parurent Articulez, & en reçoit une Reponse du même genre. Ils s'éloignérent tous deux de quelques pas, comme s'ils avoient voulu conferer ensemble, se promenant l'un à côté de l'autre, en avant & en artiére, tout de même que des personnes qui délibérent sur quelque Afaire importante, mais tournant souvent les yeux vers moi, comme pour empêcher que je ne m'échapasse. Je ne sçaurois exprimer la surprise où je fus en voyant faire de pareilles choses à des Bêtes brutes, & je conclus que si les Habitans du pays étoient douez d'un Dégré de raison proportionné à cette superiorité ordinaire que les Hommes ont sur les Chevaux, il faloit necessairement qu'ils fussent le plus sage Peuple de la Terre. Cette pensée m'encouragea à poursuivre ma Route, & me fit naître le Dessein de ne me point arrêter que je n'eusse trouvé quelque Maison ou quelque Village, ou du moins quelqu'un des Naturels du pays. Je m'esquivois déjà tout doucement, quand le premier des deux Chevaux, qui étoit un gris pommelé, remarquant ma fuite, se mit à hennir après moi d'un Ton si absolu, que je m'imaginai entendre ce qu'il vouloit di-

IIII. Tom. II. 2. P. pag. 108.

re; sur quoi je retournai sur mes pas & vins vers lui, pour atendre ses ordres. Mais je dissimulai ma crainte le mieux qu'il me fut possible : car, sans que j'en jure, le Lecteur croira aisément que l'incertitude où j'étois comment cette Avanture finiroit, me mettoit un peu en peine.

Les deux Chevaux s'aprochérent de moi, regardant avec beaucoup d'atention mon Visage & mes mains. Le Cheval gris toucha mon Chapeau de tous côtez avec la Corne de son pied droit de devant; & le decompensa tellement, que je fus obligé de l'ôter pour le rajuster ; Action qui me parut jetter ce Cheval aussi bien que son Compagnon (qui étoit un Baybrun) dans un Etonnement inexprimable ; Celui-ci toucha le pan de mon Habit, & trouvant qu'il ne faisoit pas partie de mon corps, donna encore de nouvelles marques de sa surprise. Ils étoient l'un & l'autre fort embarrassez de mes Souliers & de mes Bas, qu'ils avoient fort atentivement examinez, se hennissant l'un à l'autre, & faisant diferens gestes, qui ne ressembloient pas mal à ceux que fait un Philosophe qui tâche d'expliquer quelque Phenomêne nouveau & dificile.

En un mot, toutes les maniéres de ces Animaux me parurent si sages & si marquées au coin de l'intelligence, que je conclus qu'il falloit necessairement qu'ils fussent des Magiciens, qui s'étoient ainsi metamorphosez eux-mêmes, & qui voyant un Etranger, avoient formé le Dessein de se divertir de moi ; ou qui peut-être étoient réellement é-

E 7 ton-

tonnez à la vuë d'un Homme si diferent en Habit & en Figure des Habitans d'un pays si éloigné. Ce beau & solide Raisonnement me fit prendre la Hardiesse de leur adresser le Discours suivant.

Messieurs, si vous êtes des Enchanteurs, comme il y a grande aparence, vous entendez toutes sortes de Langues ; c'est pourquoi je prens la liberté de dire à Vos Seigneuries, que je suis un malheureux *Anglois*, que ses infortunes ont amené sur vos Côtes, & je conjure un de vous deux de me permettre de le monter comme s'il étoit réellement Cheval, & de me porter à quelque Maison ou à quelque Village. Et vous n'obligerez pas un ingrat, car je vous ferai present de ce Couteau & de ce Bracelet (que je pris hors de ma poche en prononçant ces derniers mots.) Les deux Créatures gardérent un profond silence pendant que je parlois, & parurent m'écouter avec beaucoup d'atention ; & quand j'eus fait, ils se hennirent plusieurs fois l'un à l'autre, ni plus ni moins que s'ils étoient engagez dans une serieuse conversation. Je remarquai que leur Langage exprimoit fort bien les passions, & que les mots en pouvoient plus aisément être réduits en Alphabet que ceux des *Chinois*.

Je leur oüis plusieurs fois prononcer le mot de *Yahoo* ; & quoi qu'il me fût impossible de deviner ce qu'il signifioit, j'essayai néanmoins, pendant que ces deux Messieurs étoient en conversation, de le prononcer à mon Tour. Dès que je remarquai qu'ils se taisoient, je dis à haute voix *Yahoo*, imirant en même tems, le plus qu'il m'étoit possible le Hennissement d'un Cheval; ce qui ne les surprit pas mediocrement tous deux, & le gris repeta trois fois le même mot, comme s'il avoit voulu m'aprendre le veritable Accent, en quoi je l'imitai de mon mieux, & trouvai que chaque fois je prononçois moins mal, quoique je fusse encore fort loin du point de perfection. Ensuite le Baybrun essaya ma Capacité à l'égard d'un second mot dont la prononciation étoit bien plus difficile: je veux dire celui de *Houyhnhnm*. Je ne réüssis pas si bien dans ce mot que dans l'autre; mais après deux ou trois Essays, cela alla mieux: & mes deux Maîtres me parurent extrêmement étonnez de l'habileté de leur Disciple.

Après quelques autres Discours, qui à ce que je conjecturai, me regardoient, les deux Amis prirent congé l'un de l'autre; le Cheval gris me fit signe de marcher devant lui, en quoi je jugeai à propos de lui obéïr, jusqu'à ce que j'eusse trouvé un meilleur Guide. Quand je marchois trop lentement, il me crioit *Hhuun, Hhuun*; Je devinai sa pensée, & lui donnai à entendre que j'étois las, & qu'il ne m'étoit pas possible d'aller plus loin; surquoi il eut la bonté de s'arrêter un peu pour me donner le tems de me reposer.

CHA-

CHAPITRE II.

Un Houyhnhnm conduit l'Auteur à sa Maison. Description de cette Maison, Maniére dont l'Auteur y est reçu. Nourriture des Houyhnhnms. L'Auteur pourvû d'Alimens après avoir craint d'en manquer. Maniére dont il se nourrissoit dans ce Païs.

Nous avions fait environ trois miles, quand nous arrivâmes à un long Bâtiment fait de Bois de charpente; le Toît en étoit assez bas & couvert de paille. Je commençai alors à prendre courage, & tirai de ma poche quelques-unes de ces Babioles, que les Voyageurs portent d'ordinaire avec eux, pour en faire à peu de Frais de magnifiques presens aux *Indiens* de *l'Amerique;* je tirai de ma poche, dis-je, quelques unes de ces Babioles, dans l'espérance de me concilier par là l'Affection de ceux de la Maison. Le Cheval me fit signe d'entrer le premier. Je le fis, & me trouvai dans une Ecurie fort propre, où il ne manquoit ni Ratelier ni Mangeoire. Il y avoit trois Chevaux & deux Jumens, dont aucun ne mangeoit, mais dont quelques-uns étoient assis sur leurs Jarrets, ce qui m'étonna beaucoup : Mais ce qui augmenta encore mon Etonnement, fut que je vis le reste occupé à faire le même Ouvrage que nos Palfreniers font dans nos Ecuries. Ce spectacle me confirma dans ma première opinion, qu'un peuple capable de civiliser des Brutes jusques à ce point, devoit être le plus sage & le plus habile Peuple de la Terre. Le gris pommelé entra alors, & prévint le mauvais Traitement que les autres auroient pû me faire. Il leur hennit à différentes reprises d'un ton d'Autorité, & reçût chaque fois Reponse.

Par dessus cette manière d'Apartement où nous étions, il y en avoit encore trois autres de plein pied, dans lesquels on entroit par trois portes, vis à vis les unes des autres. Nous nous rendîmes par le second Apartement à la porte du troisiéme, où le Cheval gris entra seul, me faisant signe de l'atendre. J'obéïs, & preparai en atendant mes présens pour le Maître & pour la Maîtresse de la Maison. Ces presens consistoient en deux Coûteaux, trois Bracelets de perles fausses, une petite Lunette d'aproche, & un Colier de verre. Le Cheval hennit trois ou quatre fois, & je m'attendois à quelque Reponse prononcée par une voix Humaine, mais un hennissement aussi articulé, quoi que plus grêle que le sien, fut toute la Reponse qu'il reçut. J'allai m'imaginer que cette Maison apartenoit à quelque personne de la premiére Distinction, puisque j'essuyois tant de Ceremonies avant que d'être admis : Car il me paroissoit entièrement incroyable qu'un

Hom-

Homme de qualité ne fût servi que par des Chevaux.

Je craignis pendant un instant que mes malheurs & mes souffrances ne m'eussent fait perdre l'esprit : je regardai tout autour de moi dans la Chambre où j'avois été laissé seul, & je la trouvai comme la premiére, quoi qu'un peu plus propre. Je me frotai plusieurs fois les yeux, mais ils furent constamment frapez des mêmes objets. Je me pinçai les Bras & les Côtez pour me reveiller, dans l'esperance que ce qui venoit de m'arriver ne fût qu'un Songe. Après quoi je fus obligé d'atribuer à la Magie tout ce que je voyois. Mais je fus interrompu dans ces Refléxions par l'Arrivée du Cheval gris, qui me fit signe de le suivre dans le Troisiéme Apartement, où je vis une fort jolie Cavalle, avec deux Poulains, assis sur des Nattes de paille, très-bien faites & de la derniére propreté.

Dès que la Cavalle m'eût vû, elle se leva de sa Natte, s'aprocha de moi, & m'examina depuis les pieds jusqu'à la Tête : Examen qui finit par un regard de mepris ; Après quoi elle se tourna vers le Cheval, & j'ouïs que l'un & l'autre repetoient souvent le mot de *Yahoo*; mot dont je ne comprenois pas alors la signification, quoique ce fût le premier que j'eusse apris à prononcer ; mais je ne tardai guères à en savoir le sens, & j'achetai cette connoissance par la plus cruelle de toutes les Mortifications ; Car le Cheval me faisant signe de la Tête, & repetant le mot *Hhuun, Hhuun,*

Hhuun, comme il avoit fait fur la Route, ce qui vouloit dire (comme je l'ai déjà expliqué) que je devois le fuivre, me conduifit dans une manière de Cour, où il y avoit un autre Bâtiment à quelque diftance de la Maifon. Nous entrâmes dans ce Bâtiment, & je vis trois de ces detestables Créatures que j'avois rencontré immediatement après mon Arrivée, qui fe nourriffoient de Racines & de la Chair de quelques Animaux, que j'apris dans la fuite avoir été des Anes, des Chiens, & des Vaches mortes de Maladies. Ils étoient tous atachez par le cou avec de fortes Cordes à une Poutre, & tenoient leur Manger entre les grifes de leurs pieds de devant.

Le Maître Cheval commanda à un de fes Domeftiques, qui étoit un Cheval alezan, de detacher le plus grand de ces Animaux & de le mener à la baffe Cour. J'y fus conduit auffi, & cela dans le deffein de nous comparer enfemble, ce que le Maître & le Valet firent avec beaucoup d'atention, repetant l'un & l'autre le mot de *Yahoo* plufieurs fois. Je ne fçaurois exprimer l'Horreur & l'Epouvante dont je fus faifi, quand je remarquai que cette Abominable bête avoit une Figure Humaine. Elle avoit à la verité le Vifage plus large, le nez plus écrafé, les Lévres plus groffes, & la Bouche plus fenduë, que ne les ont d'ordinaire les *Européens*. Mais ces fortes de Diformitez fe remarquent chez la plûpart des Nations Sauvages. Les pieds de devant du *Yahoo* ne diferoient en rien de mes mains, excepté que

les

les Ongles en étoient plus longues, & qu'ils étoient plus velus & plus bruns. Il y avoit la même conformité & la même différence entre nos pieds : mais les Chevaux ne s'en aperçurent pas, parce que les miens étoient couverts de mes bas & de mes souliers.

La seule difficulté qui arrêtoit les deux Chevaux, étoit de voir que le reste de mon corps ne ressembloit en rien à celui d'un *Yahoo* ; disparité dont j'avois l'obligation toute entiére à mes Habits, qui étoient une chose entiérement nouvelle pour eux : l'Alezan m'offrit une Racine, qu'il tenoit entre la Corne de son pied & son pâturon ; je la pris, & l'ayant sentie, je la lui rendis le plus civilement qu'il m'étoit possible. Il tira du Chenil du *Yahoo*, un morceau de je ne sçai quelle viande, qui sentoit si mauvais, que j'en détournai la Tête en faisant une de ces grimaces dans lesquelles il entre du dedain & du dégoût ; ce qu'il n'eut pas plutôt aperçû qu'il le jetta au *Yahoo*, par qui elle fut devorée avec avidité. Il me montra ensuite un monceau de Foin, & un Picotin plein d'Avoine ; mais je branlai la tête pour marquer que ni l'une ni l'autre de ces choses ne pouvoient me servir de nourriture. Et pour dire le vray, je commençai alors à craindre de mourir de Faim, si je ne rencontrois personne de mon espèce : Car pour ce qui regarde ces vilains *Yahoos*, il faut avoüer que nonobstant la tendre Amitié que je portois alors à la Nature Humaine, je n'ai jamais vû d'Etre qui me déplût davantage à tous égards ; & ce qu'il y a de singulier, est, que quoi qu'on qu'on s'acoutume à toutes sortes d'Animaux, les *Yahoos* seuls m'ont toûjours paru plus haïssables à mesure que je les ai connus davantage. Le Maître Cheval demêla mon Aversion pour ces Bêtes sur mon visage, & pour m'obliger renvoya le *Yahoo* dans son Chenil. Après cela il aprocha la corne de son pied de devant de sa Bouche, ce qui ne me causa pas une mediocre surprise, quoi qu'il le fît d'une maniére fort aisée, & avec un mouvement qui me parut parfaitement Naturel. A ce premier signe il en ajouta d'autres pour me prier de lui donner à connoître ce que je souhaitois de manger; mais il me fut impossible de lui faire une Reponse qu'il pût comprendre. Pendant que nous étions tous deux dans cet embarras, je vis une Vache passant tout près de nous. Sur quoi je la montrai au doigt, & marquai l'envie que j'avois de la traire. Le Maître Cheval m'entendit, car il ordonna à une Cavalle, qui étoit une des servantes du Logis, d'ouvrir une Chambre où il y avoit plusieurs Vaisseaux de Terre & de Bois remplis de Lait. Elle m'en donna un bon godet tout plein, que j'avalai tout d'un Trait, & avec un plaisir inexprimable.

Vers le midi, je vis arriver chez nous une sorte de Voiture trainée par quatre *Yahoos*. Il y avoit dans cette Voiture un vieux Cheval qui paroissoit être de Qualité. En descendant il mit d'abord à terre ses pieds de derriere, ayant quelque Accident à son pied gauche de devant Il venoit diner avec nôtre Cheval, qui le reçut avec de grandes dé-

démonstrations d'Amitié. Ils mangérent dans le plus bel Apartement, & eurent pour second service de l'Avoine bouillie dans du Lait. Leurs mangeoires étoient placées en rond dans le milieu de la Chambre, & divisées en Compartimens égaux, devant lesquels ils étoient tous assis, chacun d'eux ayant une Botte de paille qui lui servoit de Chaise ou de Tapis. Le Ratelier étoit divisé de la même maniére que les Mangeoires, ce qui faisoit que chaque Cheval & chaque Jument mangeoient leur propre Foin & leur Composition d'Avoine & de Lait, avec beaucoup de Décence & de Regularité. Le Cheval gris m'ordonna de me tenir près de lui, & causa long-tems avec son Ami sur mon chapitre, à ce que je conjecturai par les nombreux Regards dont l'Etranger m'honora, & par la fréquente Repetition du mot de *Yahoo*.

Quand on eut achevé de diner, le Maître Cheval me prit en particulier, & en partie par signes, & en partie par mots, me fit connoître l'inquiétude où il étoit de ce que je n'avois rien à manger. *Hluunk* dans leur Langue signifie de l'Avoine. Je prononçai ce terme deux ou trois fois; car quoique je n'en eusse pas voulu d'abord, je trouvai, après y avoir pensé, que j'en pouvois faire une espéce de Pain, qui mêlé avec du Lait pourroit me servir de Nourriture, jusqu'à ce que je trouvasse l'occasion de me sauver dans quelque pays habité par des hommes. Le Cheval ordonna sur le champ à une Jument blanche de m'aporter une bonne Quantité d'A-

d'Avoine dans une maniére de baquet. Je chaufai cette Avoine devant le Feu le mieux qu'il me fut possible & j'en frotai les grains, jusqu'à ce que la Cosse, que je tâchai ensuite d'en separer, en fut ôtée ; Après cela je les écrasai entre deux pierres, ce qui en fit un espèce de pâte, qui mêlée avec de l'eau, & séchée au Feu, me tint lieu de pain. Ce Pain me parut d'abord assez insipide, quoi qu'il y ait bien des endroits en *Europe* ou l'on en mange de pareil, mais je m'y accoutumai peu à peu ; d'ailleurs, comme ce n'étoit pas mon premier Essay de Frugalité, ce ne fut pas aussi la première Experience par laquelle je me convainquis que la Nature se contente de peu. Et c'est quelque chose de remarquable, que je n'ai pas été Malade un seul instant pendant tout le tems que j'ai passé dans cette Isle. A la verité, j'ay quelque fois tâché d'atraper un Lapin ou quelque Oiseau avec des Lacets faits de Cheveux de *Yahoos*, & j'ai souvent cherché des Herbes bonnes pour la santé, que je faisois bouillir ou que je mangeois en salade, & fait de tems en tems un peu de Beurre, dont je beuvois ensuite le petit Lait. Les premiers jours de mon Arrivée je fus un peu en peine de n'avoir point de sel ; mais insensiblement j'ai apris à m'en passer, & j'ose dire que le frequent usage que nous en faisons dans nos Repas est une corruption de goût, qui doit son origine à la qualité qu'a le sel de provoquer à boire ceux là mêmes qui ne boiroient que trop sans cela. Car nous ne voyons aucun Animal, excepté l'Homme, qui en mê-
le

le dans ses Repas: Et pour ce qui me regarde, quand j'eus quité ce pays, il se passa un Tems assez considerable avant que je pusse m'y raccoutumer.

Mais en voila assez sur le sujet de mes Alimens; sujet sur lequel la plûpart des Voyageurs entrent dans un détail aussi étendu, que si leurs Lecteurs y étoient personnellement interessez. Cependant, il étoit necessaire que j'en disse un mot, de peur qu'on ne s'imaginât qu'il étoit impossible, que pendant l'Espace de trois ans je pusse trouver de la Nourriture dans un tel Pays & parmi de tels Habitans.

Quand le soir fut venu, le Maître Cheval ordonna où je coucherois. Ma Chambre fut une petite Ecurie, éloignée de six Verges de la Maison, & separée de l'Etable des *Yahoos*. Je me couchai là sur un peu de paille, dont j'avois eu soin de faire une maniére de Lit. Mes Habits me servirent de couvertures, & je puis dire que je dormis parfaitement bien. Mais peu de tems après, je fus mieux accommodé, comme j'en informerai le Lecteur en son lieu, c'est à dire, quand je lui ferai le détail de ma maniére de vivre.

CHAPITRE III.

L'Auteur s'aplique à aprendre la Langue du Païs, & son Maître le Houyhnhnm lui en donne des Leçons. Description de cette Langue. Plusieurs Houyhnhnms de Qualité viennent par curiosité voir l'Auteur. Il fait à son Maître un Recit abregé de son Voyage.

MA principale aplication étoit à aprendre la Langue, que mon Maître (car c'est le Nom que je lui donnerai d'oresnavant) & ses Enfans, aussi bien que tous les Domestiques de la Maison, avoient un Empressement égal à m'enseigner. Car ils regardoient comme un prodige qu'un animal brute donnât tant de marques aparentes de Raison. Je marquois chaque chose au Doigt, & en demandois le Nom, que j'écrivois ensuite dans mon *Journal* quand j'étois seul. Pour ce qui regarde l'accent, je tâchois de l'atraper en priant ceux de la Maison de prononcer plusieurs fois les mêmes mots : En quoi un Cheval alezan, qui n'étoit que simple Valet d'Ecurie, me fut d'une grande utilité.

Leur Langue approche du *Haut-Allemand* plus que d'aucune autre Langue de l'*Europe*; mais elle la surpasse en Agrément & en

Energie. L'Empereur *Charles* V. a fait la même Remarque quand il a dit, que s'il avoit à parler à ses Chevaux, ce seroit en *Allemand*.

La curiosité & l'impatience de mon Maître furent si grandes, qu'il employa plusieurs Heures par jour à m'instruire. Il étoit persuadé (comme il me le déclara depuis) que j'étois un *Yahoo* : mais ce qu'il ne pouvoit comprendre, étoit ma Docilité, mon Air honête, & ma Propreté ; Qualitez qu'aucun *Yahoo* du païs n'avoit jamais possedées. Mes Habits étoient une autre merveille incomprehensible pour lui : car il croyoit qu'ils faisoient partie de mon Corps, parce que j'avois soin de ne les jamais ôter que toute la Famille ne fût retirée, & de les mettre le matin avant que qui que ce soit fût levé. Mon Maître étoit curieux de savoir d'où je venois, comment j'avois acquis ces aparences de Raison, qu'il découvroit dans toutes mes Actions, & d'aprendre mon Histoire de ma propre Bouche, ce qu'il espéroit que je serois bien-tôt en état de faire, veu les grands progrès que j'avois déjà fait, en aprenant & en prononçant leurs mots & leurs Phrases. Pour aider ma Memoire, je m'avisai d'écrire tous les mots que j'aprenois avec leur Traduction à côté. Cette methode me fut d'un si grand secours, qu'à la fin la presence même de mon Maître ne m'empêcha pas de mettre quelques Termes & quelques maniéres de parler sur le papier. J'eus bien de la peine à lui expliquer ce que je faisois, car les *Houyhnhnms* n'ont pas la moindre idée
de

de tout ce que nous apellons Livres ou Ecritures.

Dans l'espace de dix semaines je fus capable d'entendre la plûpart de ses Questions, & quelques semaines après de lui faire passablement Reponse. Il mouroit d'envie d'aprendre d'où je venois, & qui m'avoit enseigné à imiter une Créature raisonnable, à cause que les *Yahoos*, (à qui il voyoit que je ressemblois exactement par la Tête, les Mains & le Visage, qui étoient les seules parties de mon Corps qui fussent visibles,) avoient toûjours passé chez eux pour les moins disciplinables de toutes les bêtes feroces. Je répondis, que je venois par Mer, d'un Endroit fort éloigné, avec plusieurs autres Créatures de mon Espece, & cela dans un grand Vaisseau creux fait de Bois. Que mes Compagnons m'avoient mis par force à Terre sur cette Côte, & m'y avoient laissé. Ce ne fut qu'avec une extrême Dificulté, & à l'aide de plusieurs signes, que je lui fis comprendre ces choses. Il répliqua qu'il falloit necessairement que je me trompasse, ou que je disse *la chose qui n'est pas*, (car ils n'ont aucun mot dans leur Langue pour designer ce que nous apellons Fausseté ou Mensonge.) Je sçai, ajoûta t'il, qu'il est impossible qu'il y ait un païs au delà de la Mer, ou qu'une Troupe de Brutes soit capable de conduire sur l'Eau un Vaisseau de Bois : Aucun *Houyhnhnm* au monde n'est assez Habile pour faire une pareille voiture, ni assez imprudent pour en confier la Direction à des *Yahoos*.

Le mot *Houyhnhnm* signifie dans leur Langue un *Cheval*, & dans son Origine Etymologique, *la perfection de la Nature*. Je dis à mon Maître, que l'expression m'embarrassoit, mais que je tâcherois à force d'Aplication de surmonter dans peu cette Dificulté; & que j'esperois d'être bientôt en état de lui raconter des Merveilles : Il eut la bonté de dire à sa propre Cavalle, à ses deux Poulains, & à tous les Domestiques de sa Maison, de ne negliger aucune ocasion de m'instruire, & lui-même se donnoit cette peine pendant deux ou trois Heures chaque jour. Plusieurs Chevaux & quelques Jumens de qualité du Voisinage vinrent chez nous, sur le Bruit qui s'étoit répandu, qu'il y avoit un *Yahoo*, qui parloit comme un *Houyhnhnm*, & dans les paroles & les actions de qui on découvroit quelque Lueur de Raison. Ces Etrangers parurent prendre beaucoup de plaisir à ma Conversation ; ils me firent plusieurs Questions, auxquelles je répondis de mon mieux. Par tous ces moyens je fis de si grands progrès, que cinq mois après mon arrivée, j'entendois tout ce qu'on disoit, & m'exprimois moi-même passablement bien.

Les *Houyhnhnms* qui vinrent visiter mon Maître dans le Dessein de me voir, & de causer avec moi, ne purent se persuader que je fusse un veritable *Yahoo*, parce que j'étois autrement couvert que ces Animaux. J'avois été dans la resolution jusqu'alors de garder le silence sur le Chapitre de mes Habits, pour me distinguer autant qu'il m'étoit possible de cette maudite race de *Yahoos* ; mais quel-

quelques jours après je changeai d'Avis, & crus qu'il y auroit de l'Ingratitude à en faire plus long-tems un secret à mon Maître. Ajoûtez à cela, que je remarquois que mes Habits & mes souliers seroient bientôt usez, & qu'il faudroit necessairement que je m'en fisse d'autres de peau d'*Yahoos* ou de quelques autres Animaux ; par où tout le Mystère seroit découvert. Je dis donc à mon Maître : Que dans le Païs dont je venois, ceux de mon Espèce se couvroient le corps du poil de certaines Bêtes artistement preparé : & cela en partie par Bienseance, & en partie pour se garantir des injures de l'Air. Que s'il le souhaitoit, je m'offrois à lui montrer en ma personne un Echantillon de la Verité de ce que j'avançois ; pourvû qu'il me permît de dérober à ses yeux ces parties que la Nature nous enseigne à cacher. Il me dit que mon Discours lui paroissoit fort étrange, mais principalement la Conclusion. Qu'il ne comprenoit pas comment la Nature pouvoit nous enseigner à cacher son propre Ouvrage. Que ni lui ni aucun de sa Famille n'avoit honte d'aucune partie de leurs corps ; mais que j'étois le Maître de faire à cet égard ce que je voudrois. Sur quoi je commençai par déboutonner & par ôter mon Habit : Je fis la même chose à l'égard de ma Veste. J'ôtai ensuite mes souliers & mes Bas ; & pour achever de satisfaire sa curiosité, je lui montrai ma poitrine & mes bras tous nuds.

Mon Maître considera ces differens objets avec la plus avide curiosité. Il prit tous mes

Habits piéce à piéce dans son Pâturon, & les examina attentivement ; après quoi ayant passé legérement un de ses pieds de devant sur plusieurs parties de mon corps, il me dit que j'étois à son Avis un parfait *Yahoo* ; que la seule diference qu'il y avoit entre moi & le reste de mon Espece, consistoit en ce que j'avois la peau plus blanche, plus douce, & plus unie ; & les ongles des pates de devant & de derriére plus courtes que les *Yahoos* ordinaires : aussi bien que dans l'Afectation de marcher toûjours sur mes deux pieds de derriére. Il ajoûta, qu'il n'en vouloit pas voir davantage, & que comme il lui paroissoit que j'avois froid, je pouvois remettre mes Habits.

Je lui marquai quelque mécontentement de ce qu'il m'avoit si souvent donné le nom de *Yahoo*, qui étoit un Animal odieux, pour lequel j'avois un souverain mépris & une parfaite haine. Je le supliai de ne se plus servir à mon égard d'un Titre si outrageant, & de faire que ceux de sa Maison, & les Amis à qui il permettroit de me venir voir, eussent la même Atention. A cette grace je le supliai d'en ajoûter une autre, qui étoit de ne dire à personne que ce qu'on voyoit n'étoit pas mon veritable corps, parce qu'on regarderoit mes Habits comme une espèce d'Artifice, par lequel j'aurois voulu persuader que je n'étois point un *Yahoo*.

Mon Maître m'acorda ces Demandes de la maniére du monde la plus gracieuse, & ainsi le secret fut gardé jusqu'à ce que mes Habits commençassent à s'user & m'obligeassent

sent à avoir recours à diferens moyens pour
les racommoder, comme je le dirai en son
lieu. Dans le même tems, il me pria de m'employer avec toute la Diligence possible à
aprendre la Langue du païs, parce qu'il étoit
encore plus étonné de mon Intelligence &
de ma Faculté de parler, que de la Figure
de mon corps, soit qu'il fût couvert ou non;
ajoûtant, qu'il étoit dans la dernière impatience d'entendre les merveilles que j'avois
promis de lui raconter.

Depuis ce moment il prit une fois plus de
peine qu'auparavant à m'instruire ; il me mena dans toutes les Compagnies, & faisoit que
tous ceux qui y étoient, me traitoient avec
beaucoup de civilité, parce que, comme il
le leur disoit en particulier, cela me mettroit
de bonne humeur, & me rendroit plus diver-
tissant.

Chaque jour quand je l'alois saluer, il
ajoûtoit à la peine qu'il prenoit de m'instruire, des Questions touchant moi-même, auxquelles je répondois le mieux qu'il m'étoit
possible ; & par là je lui avois déjà donné
quelques idées generales quoique fort imparfaites.

Il seroit ennuyeux de marquer les diferens Degrez par lesquels je passai avant que
je fusse capable d'une conversation un peu
suivie. Voici la première de ces Conversations. Pour satisfaire la curiosité de mon
Maître, que je n'avois fait jusqu'alors qu'irriter par des Reponses mal exprimées & encore plus mal entenduës, je lui dis un jour,
que je venois d'un pays fort éloigné, comme

me j'avois déjà eû l'honneur de lui dire, avec une Cinquante d'Animaux de mon espèce ; que nous avions traversé plusieurs Mers, dans un Vaisseau de Bois plus grand que sa Maison. Je lui fis là-dessus la plus exacte Description du Vaisseau que je pûs, & tâchai de lui expliquer par la comparaison de mon Mouchoir déployé comment ce Vaisseau avoit été poussé par le Vent. Que mes gens s'étant revoltez contre moi, m'avoient mis à Terre sur cette Côte, où j'avois d'abord rencontré ces execrables *Yahoos*, de la persecution desquels sa venuë m'avoit délivré. Il me demanda, qui avoit fait le Vaisseau, & comment il étoit possible que les *Houyhnhnms* de mon païs en eussent confié la direction à des Brutes? Je répondis, que je n'oserois pas poursuivre ma Relation, à moins qu'il ne m'engageât sa parole qu'il ne se fâcheroit pas, & qu'à cette condition je lui raconterois les merveilles dont je lui avois si souvent parlé. Il me le promit, & là-dessus je continuai mon Discours, en l'assurant, que le Vaisseau avoit été fait par des Creatures comme moi, qui dans tous les Païs que j'avois parcourus, aussi bien que dans le mien, étoient les seuls Animaux doüez de raison ; & qu'à mon Arrivée dans le Païs, j'avois autant été étonné de voir les *Houyhnhnms* agissant comme des Etres Raisonnables, que lui ou ses Amis avoient pû l'être de découvrir des marques d'Intelligence dans une Créature qu'il lui plaisoit de confondre avec les *Yahoos*, à qui

j'aj'avoüois bien que je ressemblois à quelques égards, mais nullement du côté de la Bêtise & de la Férocité. J'ajoûtai, que si j'avois jamais le bonheur de revenir dans ma patrie, & d'y pouvoir raconter mes Voyages, comme c'étoit mon intention, tout le monde me taxeroit de dire *la chose qui n'est pas*; & que, malgré le profond Respect que j'avois pour lui, sa Famille & ses Amis, je pouvois lui dire, que mes Compatriotes auroient grande peine à croire qu'il y eût un païs au Monde, où les *Yahoos* fussent des Brutes & les *Houyhnhnms* des Créatures raisonnables.

CHAPITRE IV.

Notion des Houyhnhnms *touchant le vrai & le faux. Discours de l'Auteur désaprouvé par son Maître. L'Auteur entre dans un plus grand Détail sur lui-même, & sur les Accidens de son Voyage.*

MOn Maître écouta ce que je venois de lui dire avec cet Air d'Embarras qu'on a quand on nous dit des choses que nous avons peine à comprendre; ce qui venoit de ce que les Idées de *Doute*, & d'*Incertitude* à l'égard de la *Verité* d'un *Fait*, étoient entiérement nouvelles pour lui; Et je me souviens que dans plusieurs Discours que j'eus avec mon Maître touchant les hommes en general, étant obligé de lui parler des *Mensonges* dont ils se servent pour se tromper les uns les autres, ce ne fut qu'avec une extrême Dificulté que je vins à bout de me faire entendre, quoique d'ailleurs il eût la comprehension du monde la plus aisée. Car voici comme il raisonnoit : l'Usage de la parole est institué pour se faire entendre, & pour aprendre ce que nous ignorons : Or si quelqu'un dit *la chose qui n'est pas*, il renverse cette Institution ; parce qu'à proprement parler je ne saurois dire que je l'entens, & que bien loin de m'aprendre quelque chose, il me met dans un pire état que l'ignorance, puis qu'il me persuade que le *Noir* est *Blanc*. Voilà toutes les Notions qu'il avoit touchant la Faculté de *Mentir*, que les Hommes possedent si parfaitement.

Pour revenir à mon sujet ; quand j'eus dit que les *Yahoos* étoient les seuls Animaux raisonnables de mon Païs, mon Maître me demanda si nous avions des *Houyhnhnms* parmi nous, & quel étoit leur emploi : Je lui répondis que nous en avions un grand nombre : qu'en Eté ils paissoient dans les Champs, & qu'en Hyver on les gardoit dans des maisons, où on les nourrissoit de Foin & d'Avoine, & où des *Yahoos*, qui servoient de Valets, étoient obligez de leur peigner la crinière, de leur nettoyer les pieds, de leur donner à manger, & de faire leurs lits. Je vous entens, me dit mon Maître, & je comprens par ce que vous

vous dites, que quelque portion de Raison que vos *Yahoos* pretendent avoir, les *Houyhnhnms* sont pourtant vos Maîtres ; je serois charmé que nos *Yahoos* fussent aussi traitables. Je le supliai de me permettre de n'en dire pas davantage, parce que j'étois parfaitement sûr que la solution de la difficulté qu'il me proposoit, ne pourroit manquer de lui déplaire. Mais il m'ordonna de parler librement, & me promit de ne se point fâcher. Rassuré par cette promesse, je lui dis que nos *Houyhnhnms*, que nous apellions *Chevaux*, étoient les plus beaux & les plus genereux de tous les Animaux que nous eussions : qu'ils excelloient en force & en vîtesse : que quand ils apartenoient à des personnes de qualité, ils n'étoient employez qu'à porter leurs Maîtres, ou qu'à tirer des chariots, & au reste fort bien traitez, à moins qu'ils ne tombassent Malades, ou ne devinssent Fourbus, parce qu'alors on les vendoit, & qu'on ne s'en servoit plus qu'à des occupations basses, jusques à leur mort ; aprés quoi on les écorchoit pour tirer quelque profit de leur peau, & on jettoit le reste de leur corps pour servir de pâture aux Chiens ou à des Oiseaux de proye. Mais, ajoûtai-je, les Chevaux ordinaires ne sont pas si heureux, puis qu'ils sont mal nourris, & employez par des Fermiers ou des Charretiers à de bien plus rudes travaux. Je lui décrivis le mieux qu'il me fut possible nôtre manière d'aller à cheval, aussi bien que la forme & l'usage de nos Brides, nos Selles, nos Eperons & nos Fouëts. Je lui dis ensuite, que nous atachions de certaines plaques d'une substance dure apellée *Fer* au dessous de leurs pieds, afin qu'ils ne se fissent point de mal en marchant dans les chemins pierreux.

Mon Maître me parut indigné de mon discours ; cependant il se contenta de me dire, qu'il s'étonnoit de la hardiesse que nous prenions de monter sur le dos d'un *Houyhnhnms*, parce qu'il étoit sûr que le moins fort de ses Domestiques étoit capable de jetter à terre le plus robuste *Yahoo*, & même d'écraser cette Bête en se roulant sur le dos. Je répondis, que nous accoûtumions nos Chevaux dès l'âge de trois ou quatre ans aux differens services ausquels nous les destinions. Que ceux d'entr'eux qui étoient extraordinairement vicieux, étoient employez au chariage ; que pendant qu'ils étoient jeunes on les châtioit severement pour les corriger de ces sortes de défauts auxquels les châtimens peuvent servir de remede : Qu'on *châtroit* la plûpart des Mâles quand ils avoient atteint l'âge de deux ans, pour les rendre plus doux & plus traitables ; qu'il faloit avoüer qu'ils étoient sensibles aux punitions & aux recompenses ; mais qu'il étoit certain, qu'ils n'avoient pas la moindre teinture de Raison.

Je fus obligé de me servir de beaucoup de circonlocutions pour donner à mon Maître de justes idées de tout ce que je venois de dire ; car leur Langue n'est pas abondante en mots, parce que leurs Besoins & leurs Passions sont en bien plus petit nombre

bre que les nôtres. Mais il m'est impossible d'exprimer le noble ressentiment que lui inspira l'idée du Traitement cruel que nous faisions à plusieurs de nos *Houyhnhnms*, particuliérement après que je lui eus expliqué le but qu'on se proposoit par cette sanglante operation, qui étoit d'empêcher qu'ils ne pussent réüssir à la propagation de leur espéce, & de les rendre plus serviles. Il dit, que s'il étoit possible qu'il y eût un païs où les *Yahoos* seuls étoient doüez de Raison, il faloit necessairement qu'ils y fussent aussi les Maîtres, parce qu'à la longue la Raison l'emportoit toûjours sur une force aveugle & brutale. Mais, que considerant la forme de nos corps, & en particulier du mien, il lui sembloit qu'aucune Creature d'égal volume n'étoit moins propre à faire usage de cette Raison dans les affaires ordinaires de la vie ; surquoi il me pria de lui dire, si mes Compatriotes ressembloient à moi, ou bien aux *Yahoos* de son païs. Je lui dis, que j'étois aussi bien fait que la plûpart des Hommes de mon âge ; mais que les Jeunes & les femelles avoient la peau beaucoup plus douce, & que celles-ci particuliérement l'avoient d'ordinaire blanche comme du lait. Il est vrai, me répondit-il, qu'il y a quelque difference entre vous & les autres *Yahoos*, puisque vous êtes plus propre & pas tout-à-fait aussi difforme qu'eux. Mais il ajoûta, qu'en fait d'avantages réels, ils l'emportoient sur moi. Que mes ongles, tant aux pieds de devant qu'à ceux de derriére, ne m'étoient d'aucun usage ; qu'à l'égard de mes pieds de devant ce n'étoit qu'improprement qu'il leur donnoit ce nom, ne m'ayant jamais vû marcher deſſus; que la peau n'en étoit pas aſſez dure pour les apuyer ſur des pierres; que la plûpart du tems je ne les couvrois de rien, & que la couverture dont je les envelopois quelquefois n'étoit ni de la même figure, ni auſſi forte que celle que je mettois à mes pieds de derriére. Qu'il falloit neceſſairement que je tombaſſe ſouvent, puiſqu'il étoit impoſſible que je me tinſſe toûjours ferme en ne m'apuyant que ſur deux pieds. Il commença alors à faire la critique des autres parties de mon corps, diſant, que mon nez avançoit trop : que mes yeux étoient ſi enfoncez dans ma tête que j'étois obligé de la tourner ſi je voulois voir quelque objet qui fut à mes côtez : que je ne pouvois prendre de nourriture ſans aprocher un de mes pieds de devant de ma bouche : que pour défendre mon corps contre le chaud & contre le froid, j'étois obligé d'avoir recours à des Habits, que je ne pouvois ôter & remettre chaque jour ſans qu'il m'en coûtât beaucoup de tems & de peine. Et enfin, qu'il avoit obſervé que tous les Animaux de ſon Païs avoient naturellement de l'horreur pour les *Yahoos* : que les plus foibles les fuyoient, & que les plus forts les chaſſoient loin d'eux. D'où il concluoit, qu'en nous ſupoſant douez de raiſon, il n'en étoit pas moins embarraſſé pour cela à ſavoir comment nous pouvions remedier à cette Antipathie naturelle que toutes les Creatures paroiſſoient avoir contre nous ; ni par ſonſequent commens ment nous pouvions les aprivoiser, & en tirer service. Mais, poursuivit-il, je ne veux pas entrer plus loin dans cette Discussion, parce que ma grande envie est d'aprendre vôtre Histoire, dans quel païs vous êtes né, & tout ce qui vous est arrivé de plus important avant que de venir ici.

Je lui dis, que je ferois de mon mieux pour satisfaire entiérement sa curiosité ; mais que je craignois bien qu'il n'y eut plusieurs choses dont il me seroit impossible de lui donner des idées, parce que je ne voyois rien dans son Païs à quoi je pusse les comparer. Que néanmoins j'allois essayer de le contenter sur tous les Articles qu'il venoit d'indiquer; mais que je le supliois de m'aider, quand je ne pourrois pas trouver les expressions qu'il me faudroit, ce qu'il eut la bonté de me promettre. Je dis, que mes Parens étoient de bons Bourgeois, établis dans une Isle nommée *Angleterre*, qui étoit si éloignée de son païs, qu'un de ses Domestiques auroit de la peine à y arriver en un An, quand même il iroit toûjours tout droit. Que mes Parens m'avoient fait aprendre la Chirurgie, c'est-à-dire, l'Art de guerir les playes & les contusions qui arrivent au corps ; que mon Païs étoit gouverné par une Femme que nous appellons *Reine*. Que j'avois quité ma Patrie pour acquerir des Richesses, par le moyen desquelles je pusse à mon retour vivre dans l'Opulence avec ma Famille. Que dans mon dernier Voyage j'étois Commandant du Vaisseau, & que j'avois sous moi une cinquantaine de *Yahoos*, dont plusieurs étoient morts en

Mer,

Mer, ce qui m'avoit forcé à les remplir par d'autres de differentes Nations. Que nôtre Vaisseau avoit deux fois été en danger de couler à fond; la premiére par une violente Tempête, & la seconde parce qu'il avoit donné contre un Rocher. Mon Maître m'interrompit en cet endroit, pour me demander, comment je pouvois persuader à des Etrangers de differens païs de s'embarquer avec moi, dont le Vaisseau avoit couru tant de risques, & à bord de qui tant de monde étoit mort. Je lui dis, que c'étoient des gens de Sac & de Corde, obligez de quiter leur païs à cause de leurs Crimes ou de leur pauvreté. Que quelques-uns avoient été ruinez par des Procès; que d'autres s'étoient jettez dans la misére par la Boisson, le Jeu ou les Femmes; que d'autres étoient coupables de Trahison; qu'un grand nombre l'étoient de Meurtre, de Vol, d'Empoisonnement, de Parjure, de fausse Monnoye, ou de Desertion; & que presque tous s'étoient sauvez de Prison; ce qui faisoit qu'aucun d'eux n'osoit remettre le pied dans sa Patrie, de peur d'être pendu, ou mis pour le reste de ses jours dans un cachot; & qu'ainsi ils étoient forcez de chercher à gagner leur vie dans des Païs éloignez.

Mon Maître m'interrompit plus d'une fois dans ce Discours; je m'étois servi de plusieurs circonlocutions pour lui faire connoître la nature des differens Crimes qui avoient porté la plus grande partie de mon Equipage à quiter leur Patrie. Ce ne fut qu'après plusieurs conversations qu'il vint à bout de me comprendre. Ce qu'il concevoit le moins, disoit-il, étoit la necessité ou l'usage de ces crimes. Pour éclaircir ce point, je fus obligé de lui donner quelques idées du desir d'être puissant & riche, aussi bien que des terribles effets de l'Esprit de Vengeance, de la Haine, de la Cruauté, de l'Intemperance, & de la Volupté. Pour lui faire connoître ces passions, je fis des supositions capables de lui en faire concevoir quelques Notions. Après quoi, tel qu'un Homme dont l'imagination est frapée de quelque chose qu'il n'avoit jamais vû auparavant, ni dont il n'avoit jamais entendu parler, il levoit les yeux en haut avec étonnement & avec indignation. Pouvoir, Gouvernement, Guerre, Loix, Punitions, & mille autres choses, ne pouvoient être exprimées dans cette Langue faute de Termes : & c'étoit de là que venoit le cruel embarras où j'étois de faire concevoir à mon Maître ce que je voulois dire. Mais ayant la comprehension admirable, il parvint enfin à connoître, sinon parfaitement, du moins en grande partie, de quoi la Nature humaine est capable parmi nous, & me pria d'entrer un peu dans le détail sur les Affaires de ce Païs que j'appellois *Europe*, mais particuliérement sur celles de ma Patrie.

CHA-

CHAPITRE V.

L'Auteur pour obéir aux ordres de son Maître l'informe de l'Etat de l'Angleterre, aussi bien que des causes de la Guerre entre quelques Potentats de l'Europe ; & commence à lui donner quelques idées sur la Nature du Gouvernement de l'Angleterre.

JE prie le Lecteur de se souvenir, que ce que je vai dire à present est un Extrait de plusieurs Conversations que j'ai eües avec mon Maître pendant l'espace de plus de deux années. A mesure que je faisois de nouveaux progrès dans la Langue des *Houyhnhnms*, il me proposoit de nouvelles Questions. Il m'interrogea sur l'Etat de l'*Europe*, sur le Commerce, les Manufactures, les Arts & les Sciences ; & chaque Réponse que je lui faisois donnoit lieu à de nouvelles Demandes. Mais je mettrai seulement ici en substance les Entretiens que nous eûmes sur ma Patrie, que je rangerai dans un certain ordre, sans avoir égard aux tems ni à d'autres circonstances, qui y donnérent occasion. La seule chose qui m'embarrasse, c'est qu'il me sera très difficile de rendre avec fidelité les Argumens & les Expressions de mon Maître : Mais j'espère
pour-

pourtant qu'à travers d'une Traduction barbare on ne laissera pas d'entrevoir la beauté & la justesse de son Esprit.

Pour obéïr donc à ses Ordres, je lui racontai le fameux Evenement connu sous le nom de la *Revolution*, la longue guerre commencée alors par le Prince d'*Orange* contre la *France*, & renouvellée par la presente Reine; Guerre dans laquelle presque toutes les Puissances de l'*Europe* ont été engagées. Je calculai à sa demande, que pendant le cours de cette guerre un million de *Yahoos* avoit été tué, que plus de cent Villes avoient été prises, & trois fois autant de Vaisseaux coulez à fond. Il me demanda quelles étoient ordinairement les causes pourquoi un païs entroit en guerre avec un autre. Je répondis que ces causes étoient sans nombre, mais que je lui ferois l'énumeration des principales : Que quelquefois c'étoit l'Ambition des Princes qui s'imaginent toûjours n'avoir pas assez de païs ni assez de Peuples pour leur Domination : Quelquefois la corruption des Ministres, qui engagent leurs Maîtres dans une guerre pour se rendre necessaires, ou pour détourner l'Attention de dessus leur mauvaise Administration. Que la difference en fait d'opinions avoit couté la vie à plusieurs millions d'Hommes : par exemple, si de la *chair* est du *pain*, ou du *pain* de la *chair* ; si le jus d'un certain *fruit* est du *sang* ou bien du *vin* ; s'il vaut mieux *baiser un pilier*, ou le *jetter dans le feu* ; quelle est la meilleure couleur pour un *habit*, la *Noire*, la *Blanche*, la *Rouge*, ou

la

la *Grise* ; & si cet Habit doit être *long* ou *court*, *étroit* ou *large*, *sale* ou *net*, avec plusieurs autres problêmes du même genre. Jamais les guerres ne sont plus cruelles & plus sanglantes, ou ne durent plus long tems, que quand c'est la diversité d'Opinion qui les a allumées, principalement quand cette Diversité ne regarde que des choses indifferentes.

Quelquefois deux Princes se brouillent ensemble pour savoir qui des deux chassera un Troisiéme de ses Etats, sur lesquels aucun d'eux ne prétend avoir le moindre Droit. Souvent un Prince déclare la guerre à un autre, de peur que celui-ci ne le prévienne. Quelquefois une guerre s'allume, parce que l'Ennemi est trop *fort*, & quelquefois parce qu'il est trop *foible*. Quelquefois nos voisins *ont* de certaines choses dont nous *manquons*, & *manquent* de certaines choses que nous *avons*; & nous nous entretuons jusqu'à ce qu'ils prennent les nôtres & nous donnent les leurs. On peut avec justice faire la guerre à un Allié qui possede de certaines Villes qui sont en nôtre Bienséance, ou bien une étenduë de païs, qui s'il étoit joint au nôtre, lui donneroit une Figure plus réguliere. Si un Prince envoye des Troupes dans un païs, dont le peuple est pauvre & ignorant, il peut legitimement exterminer la moitié des Habitans & reduire l'autre moitié en Esclavage, dans le Dessein de les civiliser & de corriger la Ferocité de leurs mœurs. C'est une pratique très-ordinaire & très honorable, quand un Prince demande du secours à un autre pour chasser un Usurpateur, & puis s'empare du païs, & tuë, emprisonne, ou envoye en Exil, le Prince à l'aide de qui il est venu. Etre alliez par Naissance ou par Mariage, est une seconde source de Querelles entre deux Potentats, & plus il y a de proximité dans la parenté, plus la Disposition à se quereller est grande: les Nations *pauvres* sont *de mauvaise Humeur*; & les Nations *riches* sont *Insolentes*; or qui ne voit que *l'insolence* & la *mauvaise Humeur* ne s'accorderont jamais? Toutes ces raisons font que le métier de *Soldat* passe pour le plus honorable de tous: parce qu'un *Soldat* est un *Yahoo*, loüé pour tuer de sang froid le plus d'Animaux de son Espèce, quoi qu'ils ne lui ayent jamais fait le moindre mal.

Il y a encore une autre sorte de Princes en *Europe*, qui n'ont pas les reins assez forts pour faire la guerre eux-mêmes, mais qui prêtent leurs Troupes à des Nations riches, à tant par jour pour chaque Homme; & c'est-là un de leurs plus solides & de leurs plus honnêtes Revenus.

Ce que vous venez de me conter (me dit mon Maître) au sujet de la guerre, me donne de grandes idées de cette Raison dont vous prétendez être doüez: Cependant c'est une espèce de bonheur que le pouvoir de vous autres *Yahoos* n'est pas proportionné à vôtre Malice, & que la nature vous a mis dans l'Impuissance presque absoluë de faire du mal.

Car vos bouches n'étant pas avancées comme celles de plusieurs autres Animaux, il est
très

très difficile que vous vous mordiez les uns les autres. Pour ce qui regarde vos pieds de devant & de derrière, ils font si tendres & si peu propres à nuire, qu'un de nos *Yahoos* en ataqueroit une douzaine des vôtres. Ainsi quand vous avez fait monter si haut, le nombre de ceux qui avoient été tuez dans de certaines guerres, il faut necessairement que vous ayez dit *la chose qui n'est pas*.

Ce Trait d'ignorance me fit sourire : & comme je n'étois pas tout à fait aprentif dans le métier de la guerre, je lui fis la Description des Canons, des Coulevrines, des Mousquets, des Carabines, des Pistolets, des Boulets, de la Poudre, des Epées, des Bayonnettes, des Siéges, des Retraites, des Attaques, des Mines, des Contremines, des Bombardemens & des Combats de mer: J'ajoûtai, que dans ces Combats il restoit quelquefois vingt mille Hommes de chaque côté, & que c'étoit quelque chose d'inexprimable que le Feu continuel, le Bruit & la Fumée de nos Canons, aussi bien que les Cris des Blessez & des Mourans : Que dans les Rencontres sur terre, les Vainqueurs se baignoient dans le Sang; fouloient aux pieds de leurs Chevaux ceux sur qui ils venoient de remporter la victoire, & laissoient leurs Cadavres pour servir de nouriture aux Chiens, aux Loups, & aux Oiseaux de proye. Et pour exalter la valeur de mes Compatriotes, je lui protestai que je leur avois vû faire sauter en l'air tout d'un coup une centaine d'Ennemis dans un Siége, & que les corps morts étoient retombez à ter-

terre en mille piéces, au grand Divertissement des Spectateurs.

J'allois entrer dans un plus grand détail, quand mon Maître m'imposa silence. Il dit: Que quiconque connoissoit le naturel des *Yahoos*, les croiroit aisément capables de tous les Crimes dont je venois de parler, si leur Force étoit égale à leur Mechanceté. Que mon Discours avoit non seulement augmenté l'Horreur qu'il avoit pour ces Bêtes, mais aussi excité en lui un Trouble ignoré jusqu'alors. Qu'il craignoit que ses Oreilles ne s'acoutumassent à entendre des choses abominables, & que cette indignation dont il étoit frapé à present, ne diminuât insensiblement. Que quoi qu'il eût de la Haine pour les *Yahoos* de son païs, il les blâmoit néanmoins à cause de leurs Qualitez odieuses, aussi peu qu'un *Gnnayh* (sorte d'Oiseau de proye) à cause de sa cruauté. Mais que quand une Créature, qui prétend être doüée de Raison, est capable de certains Forfaits, la corruption de cette Faculté lui paroissoit ravaler ceux qui en étoient les Auteurs, au dessous même de la condition des Bêtes brutes.

Il ajoûta, qu'il n'en avoit que trop entendu sur le sujet de la guerre: mais qu'un autre point lui faisoit de la peine à present. Que je lui avois dit que quelques personnes de mon Equipage avoient quité leur Patrie, parce qu'elles avoient été ruinées par des procez. Qu'il ne sentoit pas que pour avoir quelque differend avec un autre, il fallût faire

faire de grandes dépenses pour qu'un Juge décidât qui des deux avoit tort ou raison.

Je répondis, que je n'étois guéres versé dans tout ce que nous apellons procedures, parce que je n'avois presque jamais eu de Commerce avec des gens de Barreau, excepté une seule fois que j'avois employé quelques Avocats pour demander Reparation d'une injustice qui m'avoit été faite, sans avoir pû en venir à bout : Que néanmoins ayant eu occasion de former des Liaisons avec quelques personnes ruinées par des procès & obligées ensuite par la misère à quiter leur Patrie, je me faisois fort, de lui donner sur ce sujet au moins quelques idées superficielles.

Je lui dis que ceux qui faisoient profession de cette science, égaloient en nombre les Chenilles de nos Jardins, & que, quoique tous en general eussent la même profession, il y avoit neanmoins quelque diference dans leurs Fonctions. Que le nombre prodigieux de ceux qui s'appliquoient à cette science, étoit cause que tous n'en pouvoient pas subsister d'une maniére legitime & honnête, & qu'ainsi il faloit necessairement que plusieurs eussent recours à l'Adresse & à l'Artifice. Que parmi ceux-ci il y en avoit quelques-uns qui dès leurs plus tendre Jeunesse s'étoient apliquez à aprendre l'Art de prouver que le *Noir* est *Blanc*, & que le *Blanc* est *Noir*. Que la Hardiesse de ces gens & l'Audace de leurs prétentions étoient si grandes, qu'ils en imposoient au Vulgaire, parmi lequel ils passoient pour des personnes d'une

Habileté confommée, ce qui les mettoit plus en vogue que tous leurs autres Collegues. Ce fut à eux, lui dis-je, en pourfuivant mon Difcours, que j'eus à faire dans le procès que je perdis; & je ne faurois mieux vous faire connoître leur maniére de plaider que par un Exemple.

Supofons que mon Voifin aye envie d'avoir ma *Vache*, il loüe un de ces Avocats pour prouver que ma *Vache* lui apartient. Il faut alors que j'en loüe un autre pour défendre mon Droit, parce qu'il eft contre toutes les Regles de la *Loi* qu'un homme défende fa propre Caufe. Or dans ce cas moi à qui la Vache apartient, j'ai deux grands défavantages. Premierement mon Avocat étant, comme je l'ai dit, accoutumé dès fa Jeuneffe à défendre la fauffeté & l'injuftice, eft tout à fait hors de fon Element, quand il eft queftion de parler en faveur de l'Equité; car comme cette Fonction lui eft entiérement nouvelle, il s'y prendra furement de travers, quand même il voudroit faire de fon mieux. Le fecond Défavantage, c'eft que la Nature de mon Affaire exige que mon Avocat prenne de grandes précautions; car, comme la fubfiftance de tant de perfonnes dépend de l'ocupation qu'elles ont, fi mon Avocat plaide ma caufe de manière que mon Affaire foit d'abord expediée, il eft fur de s'atirer, finon l'indignation de fes Superieurs, du moins la haine de fes Confréres, qui le regarderont comme une efpèce de ferpent qu'ils nourriffent dans leur fein. Le cas ainfi pofé, je n'ai que deux methodes de

Tome II. 1. *Part.*   G   gar-

garder ma *Vache*. L'une eſt de corrompre l'Avocat de ma partie, en lui promettant double ſalaire; & cet Artifice doit naturellement me réüſſir, puiſque l'Education & le Caractère du perſonnage dont il s'agit, me donnent lieu d'eſperer qu'il trahira celui qui a eu l'imprudence de ſe fier à lui. L'autre methode eſt, que mon Avocat n'inſiſte point ſur la juſtice de ma Cauſe, & reconnoiſſe que ma *Vache* apartient à ma partie adverſe: parce que l'Evenement a demontré mille & mille fois, qu'un grand préjugé en faveur du ſuccès d'une Cauſe, eſt quand elle eſt notoirement injuſte.

C'eſt une maxime parmi ces gens, Que tout ce qui a été fait auparavant peut legitimement ſe faire encore: Voilà pourquoi ils gardent ſoigneuſement par écrit toutes les Déciſions déjà faites, même celles qui par ignorance ou par Corruption renverſent les Regles les plus ordinaires de l'Equité & de la Raiſon. Toutes ces Déciſions deviennent entre leurs mains des Autoritez; par leſquelles ils tâchent de blanchir les Crimes les plus noirs, & de juſtifier les pretentions les plus iniques; & cette pratique leur réüſſit ſi bien, qu'il n'eſt guères poſſible d'imaginer un procès, dans lequel les deux parties n'ayent plus d'une Déciſion à alleguer en leur Faveur.

En plaidant, ils évitent ſoigneuſement de venir au fait; mais en recompenſe, ils aimeroient mieux renoncer à leur profeſſion que d'oublier la moindre *Circonſtance* inutile. Par exemple, pour ramener la ſuppoſition rion que je viens de faire, ils ne s'informeront pas de quel Droit ma partie adverse pretend que ma *Vache* lui apartient, mais si cette *Vache* est noire ou blanche ; si ses Cornes sont longues ou courtes ; si le Pré dans lequel elle paît est rond ou quarré, à quelle Maladie elle est sujette, & ainsi du reste : après quoi ils consultent tous les Arrêts rendus en pareil cas, renvoyent la Décision de la cause à un autre tems, & de Renvoi en Renvoi, vingt ou trente ans après, le Juge declare qui a Tort ou Raison.

Il faut remarquer aussi que ces Messieurs ont un Jargon qui leur est particulier, intelligible pour eux seuls, & que c'est dans ce Jargon que leurs Loix sont écrites. C'est par là principalement qu'ils ont réüssi à confondre le vrai & le faux, le juste & l'injuste ; & ils en sont si bien venus à bout, qu'ils sont capables de plaider pendant trente ans, pour savoir si un Champ qui a apartenu à mes Ayeux depuis six generations est à moi ou bien à un Etranger, qui n'a jamais pretendu être de mes Parens.

Pour ce qui regarde l'Examen de ceux qui sont acusez de Crimes d'Etat, les procedures ne sont pas si longues : Car si ceux qui sont à la tête des Affaires prennent soin (comme ils n'y manquent guères) de faire donner ces sortes de Commissions à des gens de Loi, dont la complaisance & l'habileté leur sont connues, ceux-ci, dés qu'ils savent les intentions de leurs Protecteurs, ne manquent pas de condamner ou d'absoudre les Accufez, & cela fans faire tort à aucune des Formes prefcrites par la Loi.

Mon Maître m'interrompit en cet endroit pour me dire, que c'étoit bien dommage que des Hommes qui avoient autant de Connoiffances & autant de Talens que ces Avocats, ne s'apliquaffent pas plûtot à en faire part aux autres. Je repondis que leur profeffion emportoit tout leur tems, & qu'ils n'avoient pas même le loifir de penfer à autre chofe. Que cela étoit fi vrai, que hors de leur metier, ils étoient d'une ignorance & d'une ftupidité au deffus de toute expreffion : & qu'on avoit remarqué qu'ils étoient Ennemis jurez de tout ce qu'on apelle connoiffances, comme s'ils avoient refolu de chaffer la Raifon de toutes les Sciences, après l'avoir bannie de leur profeffion.

CHAPITRE VI.

Suite du Difcours de l'Auteur fur l'Etat de fon païs, fi bien gouverné par une Reine, qu'on peut s'y paffer de premier Miniftre. Portrait d'un pareil Miniftre.

MOn Maître me parut ne pas ajouter tout à fait foi à ce que je venois de lui raconter, parce que comme il me le declara enfuite, il lui étoit impoffible de comprenprendre pourquoi les gens de Loi prendroient mille peines, & feroient enfemble une forte de Confederation d'iniquité, & cela fimplement pour chagriner les Animaux de leur Eſpèce. A la verité, ajouta t-il, vous m'avez dit qu'ils étoient payez pour cela, mais ces Termes n'excitent pas la moindre idée en moi. Pour refoudre cette Difficulté, je fus obligé de lui décrire l'ufage de la monnoye, les Materiaux dont on en faifoit, & la valeur des Metaux. Je lui dis que quand un *Yahoo* avoit une grande quantité de ces Metaux precieux, il pouvoit aquerir tout ce qu'il vouloit, de magnifiques Habits, de beaux Chevaux, de grandes Terres, des Mêts exquis, & de jolies Femelles.

Que la monnoye feule faifant de fi admirables effets, nos *Yahoos* ne croyoient jamais en avoir affez à dépenfer ou à garder, fuivant que leur inclination naturelle les portoit à la profufion ou à l'avarice. Que les Riches joüiſſoient du travail des pauvres, & que ceux-ci étoient mille contre un en comparaifon de ceux-là. Que le gros de nôtre Peuple menoit une vie miferable, & étoit obligé de travailler pendant toute l'année depuis le matin jufqu'au foir pour fournir à un petit nombre de Riches tout ce que leurs Caprices ou leur Vanité leur faifoit fouhaiter. J'entrai dans un affez grand Détail fur ce fujet : Mais mon Maître ne m'entendit pas mieux pour cela ; parce qu'il lui avoit plû de fe mettre en Tête que tous les Animaux avoient une forte de Droit fur les productions de la Terre,

& bien particuliérement ceux qui presidoient sur les autres.

Ce préjugé lui donna la curiosité de savoir, en quoi consistoient ces mêts exquis, dont je venois de parler, & comment il se pouvoit faire que quelqu'un de nous en manquât. Sur quoi je lui fis l'Enumeration de toutes les sortes qui me vinrent dans l'Esprit, aussi bien que des differentes manières de les accommoder, ce qui ne pouvoit se faire sans envoyer des Vaisseaux dans differentes parties du Monde, pour en raporter des Fruits rares & des Liqueurs d'un goût excellent. Je lui protestai, qu'on étoit obligé de faire du moins trois fois le Tour de nôtre Terre, avant qu'une de nos Femelles de Distinction eût un Déjeuner qui fût dans l'ordre. Il dit, que ce devoit être un bien miserable païs que celui qui ne nourrissoit pas ses Habitans. Mais ce qui l'étonnoit principalement, c'est qu'un païs aussi étendu que le nôtre avoit si peu d'*Eau douce*, que nôtre Peuple se trouvoit reduit à la necessité de faire venir sa Boisson par mer. Je repliquai, que l'*Angleterre* (ma chere Patrie) produisoit trois fois autant d'Alimens que ses Habitans pouvoient en consumer: que la même proportion avoit lieu à l'égard des Liqueurs dont ils se servoient pour étancher leur soif ; & que ces Liqueurs se faisoient du fruit de certains Arbres, & étoient une excellente Boisson. Mais que pour satisfaire l'intemperance des Mâles & la vanité des Femelles, nous envoiyons dans d'autres pays la plus grande partie des utiles productions

de

de nos Terres, pour en raporter des choses qui ne servoient qu'à nous jetter dans des Maladies, & qu'a nourrir nôtre extravagance & nos vices. D'où il s'ensuivoit necessairement, que plusieurs de mes Compatriotes étoient reduits à la necessité de gagner leur vie par de lâches ou par d'injustes moyens, comme qui diroit par le vol, le parjure, l'adulation, le jeu, le mensonge, l'Art d'empoisonner, ou celui de faire des Libelles. Et ce ne fut pas sans peine que je vins à bout de faire comprendre à mon Maître le sens de ces differentes Expressions.

Le Vin, continuai je, n'est pas aporté dans nôtre païs, parce que nous manquons d'Eau ou d'autres Liqueurs; mais à cause que c'est une Boisson qui nous réjouit, qui chasse nos chagrins, augmente nos esperances, diminue nos frayeurs, & nous prive pendant quelque tems de l'usage d'une importune Raison; après quoi nous ne manquons guères à tomber dans un profond sommeil, quoi qu'il faille avoüer que nous nous reveillons presque toûjours malades, & que l'usage de cette Liqueur est pour nous une source feconde d'incommoditez, qui abrégent nôtre vie & ruinent nôtre Santé.

Le gros de nôtre Nation gagne sa Vie en fournissant aux personnes Riches, & en general à tous ceux qui ont de quoi payer leurs Marchandises ou leurs peines, en leur fournissant, dis je, toutes les choses dont ils ont besoin. Par exemple, quand je suis chez moi, & habillé comme je dois l'être, je porte sur mon corps le Travail de plus de cent Ouvriers ; la conſtruction & l'ameublement de ma Maiſon en demandent une fois autant, & il en faut plus de mille avant que ma Femme ſoit ajuſtée depuis les pieds juſqu'à la tête.

J'allois lui parler d'une autre ſorte de gens qui s'attachent à guerir les maux du corps, ayant eu occaſion de lui dire que pluſieurs de mes Matelots étoient morts de Maladie. Mais j'eus toutes les peines du monde à me faire entendre. Il comprenoit bien, diſoit-il, qu'un *Houyhnhnm* devenoit foible & languiſſant quelques jours avant ſa mort, ou ſe faiſoit quelque bleſſure par malheur. Mais il lui paroiſſoit impoſſible que la Nature, qui a un ſi tendre ſoin pour tous ſes Ouvrages, pût engendrer dans nos corps tant d'incommoditez & tant de maux, & il me pria de lui expliquer un phenomène ſi ſingulier & ſi bizarre. Je lui dis, que la ſolution de ce problême n'étoit pas difficile, & que le Deréglement de nôtre conduite étoit la ſeule cauſe de nos maladies. Que nous mangions quand nous n'avions pas faim, & que nous beuvions ſans avoir ſoif : Que nous paſſions des nuits entiéres à boire des Liqueurs fortes ſans rien manger, ce qui nous mettoit le Feu au corps, & précipitoit ou empêchoit la digeſtion. Que des *Yahoos* Femelles, après s'être proſtituées pendant quelque tems, gagnoient de certaines Maladies douloureuſes, qu'elles communiquoient à ceux qui avoient commerce avec elles. Que ces maladies & pluſieurs autres ſe tranſmettoient de Pere en Fils ; qu'on n'auroit jamais fait ſi l'on vouloit

loit composer un Catalogue éxact de tous les maux auxquels le corps Humain est sujet; puisqu'il n'y avoit point de partie qui n'en eût cinq ou six cens pour sa part. Que l'Envie que nous avions d'être gueris de tant de maux avoit multiplié parmi nous les Medecins, c'est-à-dire, des Hommes qui se piquent de réüssir dans ces sortes de guerisons. Je me suis apliqué, ajoutai-je, pendant quelque tems à cette Science, qui d'ailleurs a quelque Affinité avec ma profession; ainsi je puis dire sans vanité, que je sçai la methode que ces Messieurs observent dans leurs Cures.

Leur grand principe est, Que toutes les Maladies viennent de *Repletion*, d'où ils concluent que pour guerir les indispositions dans leur source, il faut faire au Corps des *Evacuations*, soit par le passage naturel, soit par la bouche. Pour cet éfet, ils s'attachent à former de plusieurs Herbes, Mineraux, Gommes, Huiles, Coquilles, Sels, Excrémens, Ecorces d'Arbres, Serpens, Crapauds, Grenouilles, Araignées, & Os d'Hommes morts, la plus abominable & la plus degoutante Composition qui leur soit possible; Composition, que l'Estomac rend sur le champ, & c'est ce qu'ils apellent *Vomitif*: ou bien ils ajoutent à cet admirable mélange quelques autres Drogues empoisonnées, qu'ils nous font prendre par *haut* ou par *bas*, (suivant la fantaisie du Medecin) & ce Remede vexe si cruellement les Boyaux qu'ils font une Restitution presque aussi prompte que l'Estomac, & c'est ce qu'ils apellent une *Purgation* ou un *Lavement*. Car la Nature (comme le remarquent les Medecins) a destiné la bouche à l'*Intromission* du Manger & du Boire, & une autre partie à leur Ejection, d'où ces Messieurs concluent fort ingenieusement, que la Nature étant hors de son *Assiette* dans ces maladies, il faut pour l'y remettre traiter le corps d'une maniére directement contraire à son Institution, c'est à dire, faire entrer de certaines Compositions par en bas, & faire sortir ce qu'on a dans le corps par la Bouche

Mais par dessus les maladies réelles, nous sommes sujets à plusieurs autres, qui sont seulement imaginaires, pour lesquelles les Medecins ont inventé des Remedes du même genre : Ces Remedes ont pourtant des Noms, puis que les Maladies en ont bien; & c'est de ces sortes de Maladies que nos *Yahoos* Femelles sont ordinairement attaquées. Nos Medecins excellent sur tout en *pronostics*, & il leur arrive rarement de s'y tromper; parce que dans des maladies réelles, & un peu malignes, ils prédisent presque toûjours que le Malade en *mourra*, ce qu'il dépend toûjours d'eux de rendre vrai, au lieu qu'il n'est pas en leur pouvoir de le guerir: Et voila pourquoi on court toûjours grand risque entre leurs mains, dès qu'ils ont tant fait que de prononcer la fatale sentence, parce qu'ils n'aiment pas en avoir le Dementi.

Ils sont aussi d'une utilité infinie à des Maris & à des Femmes, qui ne s'aiment point,

à

à des Fils ainez, à des Ministres d'Etat, & souvent à des Princes.

J'avois déjà eu auparavant quelques Conversations avec mon Maître sur la Nature du *Gouvernement* en general, & particulierement sur celle du nôtre, qui est l'objet de l'Etonnement & de l'Envie de tout l'Univers. Mais venant par hazard de prononcer le mot de Ministre d'Etat ; il m'ordonna de lui dire, quel espèce de *Yahoos* je désignois proprement par ce Terme.

Je lui répondis, que nôtre Reine étant exempte d'Ambition, & n'ayant aucun dessein d'augmenter sa puissance aux Depens de ses Voisins, ou au prejudice de ses propres sujets, étoit si éloignée d'avoir besoin de quelques Ministres corrompus, pour executer ou pour couvrir quelques sinistres Desseins, qu'elle dirigeoit au contraire tous ses Desseins au Bien de son Peuple ; & que bien loin de confier entierement son pouvoir à quelques Favoris, ou à quelques Ministres, elle soumettoit l'Administration de ses Ministres ou de ses Favoris au plus severe Examen de son grand Conseil : Mais j'ajoutai, que sous quelques Regnes precedens, & actuellement dans plusieurs Cours de l'*Europe*, il y avoit des Princes indolens, & Esclaves de leur plaisir, qui trouvant les rênes du Gouvernement trop pesantes pour leurs mains, les remettoient entre celles d'un *Premier Ministre* ; dont autant que j'ay pû le conclurre, non seulement des Actions de ceux qui ont été honorez de cet Emploi, mais aussi de plusieurs Lettres, Memoires & Ecrits publiez par eux-mêmes, & contre la verité desquels personne ne s'est encore inscrit en faux, voici un fidéle portrait.

Un *Premier Ministre* est un Homme entiérement exempt de Joie & de Tristesse, d'Amour & de Haine, de Pitié & de Colére : toutes les passions consistent dans une soif insatiable de Puissance, de Richesses, & d'Honneurs : Il se sert du Talent de la parole comme les autres Hommes, à une petite exception près, c'est qu'il ne parle jamais pour declarer ce qu'il pense : Il ne profére jamais une *Verité*, que dans l'intention que vous la preniez pour un *Mensonge*; ni un *Mensonge* que dans le dessein que vous le preniez pour une *Verité* : Ceux dont il dit du mal en leur absence, sont sur le point d'être avancez ; & dès qu'il commence à vous donner des Loüanges, soit qu'il les adresse directement à vous-mêmes, soit qu'il dise du bien de vous aux autres, vous pouvez compter que dès ce moment vous êtes perdu. La marque la moins équivoque qu'on est disgracié, est quand on reçoit de lui une promesse, sur tout si cette promesse est confirmée par serment : Car en ce cas un Homme sage se retire, & renonce à ses Esperances.

Il y a trois Methodes par lesquelles on peut parvenir au poste de *Premier Ministre:* La premiére, en faisant que de certaines personnes, soit Femme, soit Fille, soit Sœur, ayent une honnête complaisance pour les Desirs du Prince : La seconde, en trahishissant ou en tâchant de supplanter son predecesseur : & la troisiéme en declamant avec un *Zele furieux* contre la Corruption de la Cour dans des Assemblées publiques. Mais tout Prince sage doit, preferer aux autres ceux en qui il remarque cette derniére Qualité; parce que ces sortes de personnes ont toûjours la plus lâche soumission pour la volonté & pour les passions de leur Maître. Ces *Ministres* disposant de tous les Emplois, ont une extrême Facilité à gagner la pluralité des suffrages dans un Senat, & conservent leur Autorité par ce moyen ; & au pis aller, un *Acte d'Amnistie* (dont je lui decrivis la nature) les met à couvert de toutes poursuites ; après quoi ils prennent congé du public, chargez des Depoüilles de la Nation.

Le Palais d'un *Premier Ministre*, est une pepiniére où il s'en forme d'autres : Les Pages, les Laquais, & le Portier, en imitant leur Maître deviennent des *Ministres d'Etat* dans leur diférens Départemens, & aprennent à exceller en trois choses ; en *insolence*, dans l'*Art de mentir*, & dans celui de *corrompre ceux dont ils pretendent se servir pour venir à bout de leurs infames pratiques*. Plusieurs personnes distinguées font reguliérement la Cour à ces Messieurs, qui quelquefois à force de Dexterité & d'Impudence ont le bonheur de succeder à leur Seigneur.

Un *Premier Ministre* est ordinairement gouverné par un Vieille Maîtresse, ou par un jeune Valet de chambre, & ce sont là les deux Canaux par où passent toutes les graces, & qu'on pourroit apeller proprement les Regens du Royaume *en dernier Ressort*.

Causant un jour avec mon Maître sur la *Noblesse* de mon pays, il me fit un compliment auquel je ne m'atendois pas. Je suis persuadé, me dit-il, que vous êtes issu de quelque Famille noble, puis qu'en Figure, en Couleur, & en Propreté, vous surpassez tous les *Yahoos* de nôtre Nation, quoi que vous leur cediez en Force & en Agileté, ce que j'attribue à la différence qu'il y a entre vôtre maniére de vivre & celle de ces autres Brutes : mais ce qui augmente encore les préjugez que j'ai en vôtre faveur, c'est que vous êtes doüé non seulement de la Faculté de parler, mais même aussi de quelques principes de Raison. Parmi nous, continua-t-il, les *Houyhnhnms Blancs*, les *Alezans*, & les *Gris de fer*, ne sont pas si bien faits que les *Bays*, que les *Gris pomelez*, & que les *Noirs* ; ni ne naissent pas avec autant de Talens de l'ame, ni autant de capacité pour les mettre à profit ; & voila pourquoi ils sont destinez à servir les autres, sans aspirer jamais à la moindre Autorité, ce qui passeroit chez nous pour quelque chose de monstrueux.

Je lui fis de très-humbles Remercîmens de la bonne opinion qu'il avoit de moi ; mais je l'assurai en même tems, que ma naissance n'étoit rien moins qu'illustre, devant le jour à de bons Bourgeois, qui avoient eu à peine les moyens de me donner une Education passable. Que la

Nobleſſe étoit toute autre choſe parmi nous que dans ſon pays ; Que nos jeunes gens de *Qualité* étoient élevez dans la Pareſſe & dans le Luxe ; qu'auſſi-tôt qu'ils avoient ateint un certain Age, ils conſumoient leur vigueur, & contractoient d'infames maladies, par le commerce de quelques Femmes proſtituées ; & que quand leurs Biens étoient preſque depenſez, ils épouſoient quelque Femme d'une naiſſance commune, uniquement pour ſon Argent, ſans avoir jamais pour elle, ni avant ni après le Mariage, le moindre ſentiment d'Eſtime ni d'Amitié. Que de ces Mariages inégaux naiſſoient des Enfans difformes & mal ſains, d'où il arrivoit qu'une pareille Famille n'arrivoit preſque jamais à la quatriéme generation, à moins que l'Epouſe n'eût ſoin de choiſir parmi ſes Voiſins ou ſes Amis, un pere qui ſe portât bien, & le tout par interêt pour la ſanté de ſes Enfans. Qu'un corps ruiné, un air maladif, & un vilage pâle & défait, étoient les marques ordinaires d'un Homme de la plus haute diſtinction ; au lieu qu'une ſanté d'Atlete dans un Homme de qualité, forme la plus fletriſſante de toutes les preſomptions contre la ſageſſe de ſa Mere.

CHAPITRE VII.

Amour de l'Auteur pour sa Patrie. Observations de son Maître sur le gouvernement de l'Angleterre, tel qu'il avoit été décrit par l'Auteur, avec quelques comparaisons & parallèles sur le même sujet. Remarques du Houyhnhnm *sur la Nature Humaine.*

Mes Lecteurs s'étonneront peut-être de ce que j'étois si sincère sur le chapitre des Hommes, & cela en parlant à une Creature, à qui ma Ressemblance aux *Yahoos* du païs, avoit déjà donné très mauvaise opinion de la Nature Humaine. Mais je leur avoüerai ingenuement que les nombreuses vertus de ces admirables *Houyhnhnms*, oposées à nos vices sans nombre, m'avoient ouvert les yeux à un point, que je commençai à envisager les Actions & les Passions des Hommes d'une maniére toute nouvelle, & à trouver que l'Honneur de mon Espèce ne meritoit pas le moindre ménagement. D'ailleurs, il m'auroit été impossible d'en imposer à une personne d'une aussi merveilleuse penetration que mon Maître, qui m'ouvroit chaque jour les yeux sur des Fautes que je faisois; Fautes que je n'avois jamais aperçues,

çues, & qui parmi nous ne seroient pas même mises dans le Catalogue des Infirmitez humaines. Ajoutez à cela que l'Exemple de mon Maître m'avoit inspiré une parfaite Horreur pour tout ce qu'on apelle Fausseté ou Deguisement ; & que la *Verité* me paroissoit si aimable, que je ne pouvois concevoir comment il étoit possible qu'on lui manquât de Respect ou de Fidelité.

Mais il y avoit, si j'ose le dire, un Motif plus fort encore, qui me portoit à cet Excès de sincerité. A peine avois-je été un An dans le païs, que je conçus tant d'Amour & tant de Veneration pour les Habitans, que je pris la ferme Resolution de ne plus retourner parmi les Hommes & de passer le reste de mes jours avec ces vertueux *Houyhnhnms*, dont l'exemple & le commerce avoit déjà produit de si heureux effets sur moi. Mais la Fortune, mon éternelle Ennemie, me ramena malgré moi parmi les *Yahoos* de mon espèce. Cependant, ce m'est à present une espèce de consolation, quand je songe, que dans ce que j'ai dit de mes Compatriotes, j'ay *extenué* leurs défauts autant que j'osois devant un Auditeur aussi penetrant, & que j'ai donné à chaque Article le Tour le plus *favorable* dont il étoit susceptible : Car, pour dire le vrai, je crois qu'il n'y a point d'Homme au Monde entiérement exempt de partialité en faveur de sa patrie.

J'ai raporté en substance les differentes Conversations que j'ay euës avec mon Maître, pendant la plus grande partie du Tems que j'ay eu l'honneur de passer à son service, ce ; Converſations qui ont été bien plus longues, mais dont je n'ai mis icy qu'un Abregé, de peur d'ennuyer mes Lecteurs.

Quand j'eus répondu à toutes ſes Queſtions, & que ſa curioſité parut pleinement ſatisfaite ; il m'envoya querir un jour de bon matin, & après m'avoir ordonné de m'aſſeoir, (Honneur qu'il ne m'avoit point fait juſqu'alors) il dit, qu'il avoit refléchi avec attention ſur toute mon Hiſtoire, pour autant qu'elle avoit raport à moi & à mon païs : Qu'il nous conſideroit comme des Animaux, à qui, ſans qu'il ſçût comment, étoit tombée en partage une petite portion de *Raiſon*, dont nous ne nous ſervions que pour augmenter nos vices *Naturels*, & pour en aquerir de nouveaux que la nature ne nous avoit point donnez. Que nous nous depoüillions du peu de Talens qu'elle nous avoit accordez, mais qu'en recompenſe nous avions parfaitement bien réüſſi à multiplier nos Defauts & nos Beſoins. Que pour ce qui me regardoit, il étoit clair que je n'avois ni la Force ni l'Agileté d'un *Yahoo* ordinaire. Que l'Affectation de ne marcher que ſur mes pieds de derriére, m'expoſoit au Riſque de tomber à tout moment. Que j'avois trouvé l'Art d'ôter le poil de mon Menton, que la Nature y avoit mis pour deffendre cette partie contre la Chaleur du Soleil, & contre la rigueur du Froid. Enfin que je ne pouvois ni courir avec viteſſe, ni grimper ſur des Arbres comme mes *Freres* (c'eſt le nom qu'il lui plût leur donner) les *Yahoos* du pays.

Que

Que nôtre *Gouvernement* & nos *Loix* supposoient necessairement en nous de grands Defauts de *Raison*, & par cela même de *Vertu*; parce que la *Raison* seule suffit pour gouverner une Créature *raisonnable*; d'où il s'ensuivoit clairement que c'étoit à tort que nous nous arrogions le Titre d'Animaux doüez de *Raison*; comme il avoit paru dans ce que j'avois raconté moi-même de mes Compatriotes, quoi qu'il eût bien remarqué que pour leur concilier son Estime, j'avois caché plusieurs particularitez qui étoient à leur Désavantage, & souvent dit *la chose qui n'est pas*.

Ce qui le confirmoit dans cette opinion, c'est qu'il avoit remarqué, que si d'un côté je ressemblois aux *Yahoos* par raport à la Figure du corps; de l'autre ces Brutes avoient une grande conformité avec nous à l'égard des inclinations & des qualitez de l'ame. Il me dit, que c'étoit une chose constante que les *Yahoos* avoient plus de haine les uns pour les autres, que pour quelques Animaux d'une autre Espèce; & que la Raison qu'on en rendoit, étoit tirée de leur Difformité, que tous apercevoient dans les autres, sans la remarquer en eux-mêmes. Que pour cette Raison il avoit trouvé que c'étoit une chose assez bien imaginée de nous *couvrir* le corps, & que grace à cette précaution nous donnions moins lieu aux autres de concevoir contre nous cette Espèce de Haine que cause la Laideur. Mais qu'il trouvoit à présent qu'il s'étoit trompé, & que les Dissentions de ces Bêtes dans son pays avoient la mê-

même cause que les nôtres, suivant la Description que j'en avois faite. Car, dit-il, si vous jettez à cinq *Yahoos* autant de nourriture qu'il en faut pour cinquante; au lieu de manger paisiblement, ils se prendront par les oreilles, chacun d'eux tâchant *d'avoir tout pour lui seul*; & que pour cette Raison, un Valet étoit toujours présent quand les *Yahoos* mangeoient dans les Champs, au lieu qu'au Logis on les attachoit à une bonne Distance les uns des autres. Que si une Vache venoit à mourir de vieillesse ou par accident, avant qu'un *Houyhnhnm* pût la faire transporter chez lui pour servir de nourriture à ses propres *Yahoos*, ceux du voisinage venoient par Troupes pour la manger, d'où s'ensuivoit une Bataille telle que je l'avois décrite, quoi qu'il arrivât rarement qu'ils se tuassent les uns les autres, non pas manque de bonne volonté, mais faute d'instrumens convenables. D'autrefois des *Yahoos* de diferent voisinage se sont livrés bataille, sans qu'on pût remarquer aucune cause visible qui les y portât. Ceux d'un District épiant toûjours l'occasion de surprendre ceux d'un autre. Que si leur projet manque, ils s'en retournent chez eux, & faute d'Ennemis, ils se mordent & se dechirent les uns les autres.

Que dans de certains Champs de son pays, il y avoit des *Pierres Luisantes* de differentes couleurs, que les *Yahoos* aimoient à la fureur, & que comme ces *Pierres* étoient quelquefois assez avant en Terre, ils passoient des jours entiers à creuser avec leur pates

pour

pour les en tirer, & les cachoient enfuite dans leurs Chenils; parce qu'ils regardoient comme le plus grand de tous leurs malheurs que quelqu'un de leurs Camarades trouvât leur Trefor. Mon Maître ajouta, qu'il n'avoit jamais pû decouvrir la caufe de leur Amour pour ces *Pierres*, ni de quel ufage elles pouvoient être à un *Yahoo*; mais qu'il commençoit à croire que cela venoit du même principe *d'Avarice*, que j'avois attribué à la Nature humaine: qu'un jour par maniére d'Epreuve, il avoit ôté un monceau de ces *Pierres* d'un endroit où un de fes *Yahoos* les avoit enterrées; que quelques heures après, cet Animal trouvant que fon Trefor avoit été enlevé, s'étoit mis à jetter les cris les plus affreux, & avoit donné des marques de la plus profonde triftefle: qu'il n'avoit voulu ni manger, ni dormir, ni travailler, jufqu'à ce qu'il eût donné ordre à un Valet de remettre fecretement ces *Pierres* dans l'endroit où elles avoient été; ce qu'il n'eut pas plutôt fait que le *Yahoo* les retrouva, & retrouva avec elles fa première gayeté; mais il eut la precaution de les mieux cacher, & depuis ce tems-là il m'a fort bien fervi.

Mon Maître m'affura de plus une chofe, que j'eus occafion de remarquer moi-même, c'eft que c'étoit dans les champs, où il y avoit le plus de ces *Pierres* Luifantes, que fe donnoient les plus frequentes & les plus cruelles Batailles.

Il dit, que c'étoit une chofe ordinaire, quand deux *Yahoos* découvroient une pareille *Pierre* dans un champ, & fe battoient à qui
l'au-

l'auroit, qu'un troisiéme se jettât sur le sujet de la Dispute, & l'emportât pour lui ; ce qui, à ce que trouvoit mon Maître, ne ressembloit pas mal aux *Decisions de nos procès*; en quoi je trouvai à propos de ne lui pas contredire, parce que le procedé du troisiéme *Yahoo*, étoit plus équitable que plusieurs Sentences de nos Juges. Car, au bout du compte, chacun des deux *Yahoos* ne perdoit que la *pierre* pour laquelle ils se batoient ; au lieu que dans nos *Cours de Justice* il faut payer l'Arrêt qui nous deboute de nos pretentions.

Mon Maître continuant son Discours, dit, que rien ne rendoit les *Yahoos* plus odieux, que cette Avidité universelle avec laquelle ils devoroient tout ce qu'ils trouvoient, soit que ce fussent des Herbes, des Racines, du Grain, de la Chair d'Animaux, ou toutes ces choses mêlées ensemble ; Et qu'on avoit remarqué, comme une Bizarrerie qui leur étoit particulière, qu'ils aimoient mieux faire quelques Lieuës pour aller derober une Nourriture passablement mauvaise, que d'en avoir une bonne toute preparée chez eux. Par dessus cela ils sont insatiables, & quand ils ont dequoi, ils mangent à crever ; & machent ensuite une certaine *Racine* qui leur donne une Evacuation generale.

Il y a aussi une autre sorte de *Racine* fort *succulente*, mais qui est assez difficile à trouver, dont les *Yahoos* sont fous, & qu'ils succent avec un plaisir infini, ce qui produit en eux les mêmes Effets que le Vin fait sur nous ; c'est-à-dire, qu'ils s'embrassent, qu'ils se battent, qu'ils hurlent, qu'ils jasent, qu'ils se roulent à Terre, & puis qu'ils s'endorment dans la Bouë.

J'ai observé moi-même, que les *Yahoos* sont les seuls Animaux du pays qui soient sujets à quelques Maladies ; qui néanmoins sont en beaucoup plus petit nombre que celle que les Chevaux ont parmi nous, & qui ne viennent point des mauvais Traitemens qu'on leur fait, mais de leur mal-propreté & de leur gloutonnerie.

Pour ce qui regarde les Sciences, les Loix, les Arts, les Manufactures, & plusieurs autres choses du même genre, mon Maître avoüa qu'il ne trouvoit presque aucune conformité entre les *Yahoos* de son païs & ceux du nôtre : mais qu'en recompense il trouvoit une parfaite ressemblance dans nos Inclinations. A la verité, disoit-il, il avoit bien ouï dire à quelques *Houyhnhnms*, qu'ils avoient remarqué que plusieurs Troupes de *Yahoos* avoient un Espèce de Commandant, qu'il étoit facile de distinguer des autres, parce qu'il étoit toûjours plus *mal fait*, & plus *mechant* qu'aucun des autres. Que ce Commandant avoit d'ordinaire un Favori le plus *semblable à lui* qu'il pût trouver, dont l'Emploi étoit de *lecher les pieds & le Derriére de son Maître*, & d'amener des *Yahoos* Femelles dans *son Chenil* ; ce qui lui valoit de tems en tems quelque piéce de Chair d'Ane. Ce Favori est haï par toute la Troupe, & voila pourquoi a n de se mettre à couvert de leur Ressentiment, il se tient toûjours le plus près qu'il lui est possible de la personne

de

de son Commandant, qui le conserve dans son Emploi, jusqu'à ce qu'il ait trouvé un Favori plus vilain & plus méchant que lui: mais aussi dès cet instant il est congedié, & son successeur aussi bien que tous les *Yahoos* de ce District, Jeunes & Vieux, Mâles & Femelles, viennent en corps, & déchargent leurs ordures sur lui, depuis la Tête jusqu'aux pieds. Peut-être, ajouta mon Maître, que ce que je viens de dire, seroit aplicable jusques à un certain point à vos *Cours*, vos *Favoris*, & vos *Ministres d'Etat*: mais c'est de quoi vous pouvez mieux juger que moi.

Je n'osai rien repondre à cette maligne insinuation, qui rabaissoit l'intelligence humaine au dessous de la sagacité d'un *Chien* ordinaire, qui a l'Habileté de distinguer la voix du *meilleur chien de la muette*, sans se tromper jamais.

Mon Maître m'aprit, qu'il y avoit dans les *Yahoos* de certaines Qualitez remarquables, dont je ne lui avois point fait mention, ou du moins sur lesquelles j'avois passé fort legerement, en lui parlant des *Yahoos* de mon Espèce; il me dit, que ces Animaux, comme les autres Brutes, avoient leurs Femelles en commun; avec cette diference pourtant, que la *Yahoo* femelle soufroit le mâle pendant qu'elle étoit enceinte, & que les Mâles se batoient avec autant d'Acharnement contre les Femelles que contre ceux de leur sexe: deux choses qui étoient d'une Brutalité sans exemple.

Une autre singularité odieuse qu'il avoit ob-

observée dans les *Yahoos*, étoit leur excessive saloperie dans le tems que tous les autres Animaux paroissent aimer la propreté. Pour les deux autres Accusations je fus charmé de les laisser passer sans rien dire, parce qu'aussi bien je n'avois rien à repondre. Mais pour la troisiéme il m'auroit été aisé d'y repondre, s'il y avoit eu dans le pays un seul Cochon (ce qui par malheur pour moi n'étoit pas.) Car quoi que cet Animal puisse d'ailleurs être *plus aimable* qu'un *Yahoo*, il y auroit à mon avis de la partialité à dire qu'il fût plus propre ; & c'est de quoi mon Maître auroit été convaincu lui-même, s'il avoit vû tout ce que ces bêtes mangent, & avec quelle volupté elles se vautrent dans la boue.

Mon Maître fit encore mention d'une autre Qualité que ses Domestiques avoient aperçue en plusieurs *Yahoos*, & qui lui paroissoit entiérement inexplicable. Il dit, qu'il prenoit quelquefois fantaisie à un *Yahoo*, de se retirer dans un Coin, de s'y mettre à hurler, & de donner des ruades à tous ceux qui s'aprochoient de lui, quoi qu'il fût jeune, se portât bien, & eût suffisamment à boire & à manger ; que ses Domestiques ne pouvoient imaginer quelle Mouche l'avoit piqué : Et que le seul Remede qu'il y savoient, étoit de le faire bien travailler; parce qu'ils avoient observé qu'un travail un peu rude dissipoit insensiblement ces sortes de fantaisies. Mon amour pour le Genre humain, m'imposa ici le plus profond silence ; quoi que je demêlasse fort bien dans ce que je venois d'entendre,

dre, ces sortes de Caprices, que produisent la *Paresse*, la *Luxure*, & les *Richesses*; Caprices dont je me ferois fort de guerir quelques-uns de mes Compatriotes par le *même Regime*.

Mon Maître avoit aussi remarqué que souvent quelque *Yahoo* Femelle se tenoit derriére un banc ou un Buisson : que quand quelques jeunes Mâles passoient, elle se faisoit entrevoir, les agaçoit par des grimaces, puis faisoit semblant de se cacher; & que lorsque quelque Mâle s'avançoit, elle se retiroit tout doucement, en regardant souvent derriére elle, & s'enfuyoit avec une feinte Frayeur dans quelque endroit convenable, où elle savoit que le Mâle la suivroit.

D'autrefois, si une Femelle Etrangére vient parmi elles, Trois ou Quatre de son Sexe l'environnent, la considérent depuis la Tête jusqu'aux pieds, se font des grimaces les unes aux autres, & puis la plantent là d'un Air de Dedain & de Mepris.

Peut-être qu'il y avoit un peu de Rafinement dans ces speculations de mon Maître : Cependant, ce ne fut pas sans une Espèce d'Etonnement & même de Chagrin, que je consideraí, que c'étoit peut-être par instinct que les Femmes étoient *Envieuses*, *Coquettes*, & *Libertines*.

Je m'atendois à tout moment que mon Maître aloit acuser les *Yahoos* de l'un & l'autre sexe de certains Apetits dereglez, qui ne sont pas tout à fait inconnus parmi nous. Mais il semble que la Nature n'aye pas été pour eux une Maîtresse fort habile; & que ces Voluptez étudiées soient les productions de nôtre seule Raison.

CHAPITRE VIII.

Détail touchant les Yahoos. Excellentes Qualitez des Houyhnhnms. Quelle Education ils reçoivent & à quels Exercices ils s'apliquent dans leur Jeunesse. Leur Assemblée generale.

COmme je devois naturellement mieux connoître la Nature humaine que mon Maître, il m'étoit aisé d'apliquer à moi-même & à mes Compatriotes tout ce que j'en aprenois. Pour les mieux connoître encore, je le priai de me permettre de passer quelque jours parmi les *Yahoos* du voisinage, ce qu'il eut la bonté de m'acorder, étant bien persuadé que la Hayne que j'avois pour ces Bêtes empêcheroit que leur Exemple ne fût contagieux pour moi ; & par dessus cela, il donna ordre à un de ses Valets, qui étoit un Cheval alezan très-vigoureux, & d'un excellent naturel, de ne me point quitter, & de me garantir des insultes des *Yahoos*, qui me croyant de leur Espèce, n'auroient pas manqué de m'ataquer, par le même principe qui porte les *Choucas* sauvages à se jetter sur ceux qui sont privez, quand ils en rencontrent.

Les *Yahoos* sont prodigieusement agiles dès leur premiere Jeunesse ; malgré cela, j'attrapai un jour un jeune mâle de trois ans, & tâchai par toutes les marques d'amitié possibles de l'apaiser ; mais le petit Diable se mit à hurler & à me mordre avec tant de violence, que je fus obligé de le laisser aller, & il en étoit tems, car ses cris avoient attiré toute la Troupe des vieux, qui trouvant que je n'avois point fait de mal au jeune, & que mon Cheval alezan étoit près de moi, se tinrent dans le Respect.

Par ce que j'ay pû remarquer, les *Yahoos* m'ont paru les plus indociles de tous les Animaux, & n'être capables que de porter ou de trainer des Fardeaux. Cependant je crois que ce deffaut vient principalement de leur Opiniatreté. Car au reste, ils sont rusez, malicieux, traitres & vindicatifs. Ils sont forts & robustes, mais ont le cœur lâche, & sont par cela même, insolens, rampans, & cruels. On a remarqué que ceux qui ont le *poil roux* de l'un & l'autre sexe, sont plus lascifs & plus méchans que les autres, qu'ils surpassent aussi en Force & en Agileté.

Les *Houyhnhnms* gardent un certain nombre de *Yahoos* dans des Huttes près de leurs Maisons, & en tirent quelques services auxquels ils ne veulent point employer leurs Domestiques ; pour les autres, ils les envoyent dans certains champs, où ils cherchent des Racines, differentes sortes d'Herbes, & des Charognes pour se nourrir. Ils sont aussi fort adroits à attaquer des *Belettes*, & des *Luhimuhs* (sorte de *Rat sauvage*) qu'ils qu'ils devorent avec une avidité inexprimable. La Nature leur a apris à se creuser des Trous en Terre, dont la plûpart sont assez grands pour tenir le Mâle, la Femelle, & trois ou quatre petits.

Ils nagent dès leur Enfance comme des Grenouilles, & peuvent se tenir long-tems sous l'Eau, ce qui leur donne le moyen de prendre souvent du Poisson, que les Femelles aportent à leurs petits. A propos de quoi il m'arriva une assez plaisante Avanture.

Un jour que j'étois déhors avec mon Protecteur le Cheval alezan, & qu'il faisoit excessivement chaud, je le priai de me permettre de me baigner dans une Riviere près de laquelle nous étions. Il le voulut bien : surquoi je me deshabillai & me jettai à la nage. Mon malheur voulut qu'une jeune *Yahoo* Femelle, qui se tenoit derriére une Eminence, vit tout ce que je venois de faire, & qu'enflamée de certain Desir, à ce que nous conjecturâmes l'Alezan & moi, elle vint à la Nage vers l'endroit où je me baignois. De ma vie je n'ay été plus effrayé, mon Deffenseur étoit à quelque distance de là, ne soupçonnant pas seulement la possibilité de ce malheur. Elle m'embrassa d'une maniére fort significative ; & moi je me mis à crier d'une si grande force que mon Protecteur m'entendit & vint à nous au galop : ce qu'elle n'eut pas plûtôt vû qu'elle me quitta (quoi qu'avec la derniére Repugnance) & s'alla mettre sur la Hauteur oposée, où elle ne fit que hurler pendant tout le tems que je mis à m'habiller, Ce fut un fujet de Divertiffement pour mon Maître & pour toute fa Famille, auffi bien que de mortification pour moi. Car je ne pouvois plus nier que je ne fuffe réellement un *Yahoo*, puifque les Femelles avoient une propenfion naturelle pour moi comme pour un de leur Efpèce : Et ce qu'il y a de remarquable, c'eft que celle dont je viens de parler, n'avoit pas le poil roux (ce qui pourroit excufer un Appetit un peu irregulier) mais noir, & qu'elle n'étoit pas tout à fait auffi hideufe que les autres Femelles de fon efpèce ; Car, je crois qu'elle n'avoit pas plus d'onze ans.

Ayant paffé trois ans dans ce pays, il eft jufte qu'à l'Exemple des autres Voyageurs, j'inftruife mes Lecteurs des Maniéres & des Coutumes de fes Habitans, à la connoiffance defquelles je me fuis principalement apliqué. Comme les *Houyhnhnms* font naturellement portez à la pratique de toutes les Vertus qui peuvent convenir à une Creature raifonnable, leur grand principe eft, qu'il faut cultiver la *Raifon* & n'être gouverné que par elle. La *Raifon* n'eft jamais parmi eux une chofe problematique, fur laquelle on peut alléguer des Argumens plaufibles des deux côtez ; mais elle les frape toûjours par fon Evidence ; ce qu'elle doit naturellement faire, lorfque fon Eclat n'eft point obfcurci par des paffions ou par l'interêt. Et je me fouviens à cet égard, que ce fut avec une extrême Difficulté que je vins à bout de faire comprendre à mon Maître le fens du mot *d'Opinion*, ou comment un point pouvoit être difputable ;

par-

parce que la Raison nous enseigne à n'affirmer ou à ne nier que ce dont nous sommes certains ; Or dès qu'il n'y a point de certitude, il ne sauroit aussi y avoir de negation ou d'affirmation. Si bien que les Controverses, les Disputes & le Ton decisif sur des propositions fausses ou douteuses, sont des maux inconnus parmi les *Houyhnhnms*.

Pareillement quand je lui expliquois nos differens systemes de *Philosophie Naturelle*, il se mettoit à rire de ce qu'une Créature qui s'arrogeoit le Titre de *Raisonnable*, tirât gloire de sçavoir les Conjectures des autres, & cela dans des choses où ce sçavoir, quand il seroit même de bon alloi, ne pouvoit être d'aucun usage. En quoi il étoit entièrement dans les sentimens de *Socrate*, tels qu'ils nous sont raportez par *Platon* ; ce que je remarque comme un Trait d'Eloge pour ce Prince des Philosophes. J'ay reflêchi plusieurs fois dépuis sur le Tort infini que cette maxime feroit aux Libraires de l'*Europe*, aussi bien qu'à la reputation de plusieurs Sçavans.

L'Amitié & la Bienveillance sont les deux principales Vertus des *Houyhnhnms* : & ces vertus ne sont pas restreintes à quelques objets particuliers, mais s'étendent sur tous les individus de la Race. Car le Cheval le plus Etranger y est traité de la même manière que le plus proche Voisin, & quelque part qu'il aille, il est comme chez lui. Ils observent avec la plus exacte precision les Loix de la *Décence* & de la *Civilité*, mais ils n'entendent absolument rien en ce que nous

apel-

apellons *Ceremonie*. Ils n'ont pas de Tendresse de cœur pour leurs Poulains, & le soin qu'ils prennent de leur Education est uniquement un fruit de leur *Raison* Et j'ai vû mon Maître montrer la même affection aux Poulains de son Voisin, qu'il avoit pour les siens propres. Ils pretendent que la Nature leur enseigne à aimer en general toute l'espèce, & que la *Raison* ne fait distinction des personnes, que quand elles surpassent les autres en vertu.

Quand les Femmes des *Houyhnhnms* ont mis au jour un Poulain de chaque sexe, elles n'ont plus de commerce avec leurs Maris, à moins qu'il ne leur arrive de perdre un de leurs Enfans, ce qui arrive fort rarement : Mais en ce cas elles renouent connoissance ; ou bien, si cet accident arrive à un *Houyhnhnm* dont la Femme n'est plus en âge d'avoir des Enfans, quelque ami lui fait present d'un des siens, & travaille ensuite à reparer cette perte volontaire. Cette precaution est necessaire pour empêcher que le Païs ne soit trop peuplé. Mais cette Règle ne regarde point les *Houyhnhnms* d'une Race inferieure ; car il leur est permis de produire trois Poulains de chaque sexe, pour servir de Domestiques dans des Familles Nobles.

Dans les Mariages ils prennent garde que les Couleurs des deux partis ne fassent pas un Mélange désagréable dans leur posterité. La *Force* est la qualité qu'on estime le plus dans le Mâle, & la *Beauté* celle dont on fait le plus de cas dans la Femelle ; non pas par un prin-

principe *d'Amour*, mais afin d'empêcher la Race de degenerer ; car s'il arrive qu'une Femelle excelle en *Force*, on lui choisit un Epoux distingué par sa *Beauté*. Galanterie, Amour, Presens, Douaire, sont des choses dont ils n'ont aucune idée & pour lesquelles ils n'ont pas même de Termes dans leur Langue. Les jeunes gens ne s'épousent pour aucune autre Raison que parce que leurs Parens & leurs amis le veulent ainsi : c'est une chose qu'ils voyent faire tous les jours, & qu'ils regardent comme une des Actions necessaires d'un Etre raisonnable. Mais la violation de cet Engagement est un Crime absolument inoüi.

Dans l'Education de leur Jeunesse de l'un & de l'autre sexe, leur Methode est admirable, & très-digne de nôtre imitation. Ils veulent que leurs Enfans ayent ateint l'Age de dix-huit ans avant qu'il leur soit permis de manger de l'Avoine, excepté pourtant de certains jours. Et cet Exemple, pourvû qu'on y fît quelques legers Changemens, pourroit être de grand usage parmi nous.

La *Temperance*, l'*Industrie*, l'*Exercice*, & la *Propreté*, sont des choses également prescrites aux Jeunes des deux sexes : Et mon Maître m'a dit plus d'une fois, que nous étions fous de donner aux Femelles une autre Education qu'aux Mâles, excepté en quelques articles qui concernent le Gouvernement du Ménage ; par où, comme il le remarquoit très judicieusement, nous faisons que la moitié de nos jeunes gens n'étoit bonne qu'à mettre des Enfans au monde : & comme si ce premier Trait de Folie ne suffisoit pas, ajoutoit-il, vous en commettrez un second plus grand encore, en confiant l'Education de vos Enfans à des Animaux si peu capables de les élever.

Mais les *Houyhnhnms* acoutument leurs Descendans dés leur premiére Jeunesse à la Coürse, au travail, & à s'endurcir à la Fatigue & aux Incommoditez : pour cet effet ils leur font monter quelquefois au galop des Collines fort roides, ou leur ordonnent de courir sur des Chemins pierreux, & puis, lorsqu'ils sont tous en Eau, de se jetter dans quelque Etang. Quatre fois par an la Jeunesse d'un certain District se donne rendez-vous dans un Endroit marqué, pour voir qui a fait le plus de progrès en Force, en Vitesse, ou en Agileté, & le Vainqueur en est recompensé par une Chanson faite à son honneur, qui est comme un Espèce de Monument de sa Victoire. Le jour de cette Fête, quelques Domestiques ont soin de faire aporter par une Troupe de *Yahoos*, le Foin, l'Avoine, & le Lait qu'il faut pour le Repas des *Houyhnhnms*; après quoi ces Bêtes sont incontinent renvoyées, afin que la Compagnie n'en soit pas incommodée.

Tous les quatre Ans vers *l'Equinoxe du Printems*, un Conseil, qui represente toute la Nation, s'assemble dans une Plaine située à vingt miles de nôtre Maison, & cette Assemblée dure cinq ou six jours. On y examine l'Etat & les besoins des differens Districts : s'ils abondent en Foin, en Avoine, en Vaches & en *Yahoos*, ou bien s'ils ont disette de quelqu'une de ces choses. Que si (ce qui est très rare) il se trouve que quelques Districts manquent de ces Bêtes ou de ces productions de la Terre, il est pourvû à ces besoins par un Consentement unanime, & par une Contribution generale de toute l'Assemblée. Là aussi se règle l'Echange & le Don des Enfans. Par exemple, si un *Houyhnhnm* a deux Mâles, il en troque un avec un autre, qui a deux Femelles ; Et quand un Enfant vient à mourir dont la Mere n'est plus en Age d'en avoir, on y determine la Famille par laquelle cette perte doit être reparée.

CHAPITRE IX.

Grand Debat dans l'Assemblée generale des Houyhnhnms, *& de quelle maniére il fut terminé. Sciences qui sont en vogue parmi eux. Leurs Bâtimens. Maniére dont ils enterrent leurs Morts. Imperfection de leur Langage.*

Une de ces grandes Assemblées se tint de mon tems, environ trois mois avant mon départ, & mon Maître y fut envoyé pour representer nôtre District. Dans ce Senat fut remise sur le Tapis leur vieille

Querelle, & pour dire le vrai la seule dont on ait jamais entendu parler dans le pays.

Cette Querelle (à ce que mon Maître m'aprit à son retour) consistoit à savoir, si les *Yahoos* devoient être exterminez de dessus la Face de la Terre, ou non? Un des Membres, qui étoit pour l'affirmative, allegua differens Argumens de grand poids, disant, Que les *Yahoos* étoient non seulement les plus maussades & les plus difformes Bêtes que la Nature eût jamais produites, mais aussi les plus indociles, les plus opiniâtres & les plus malicieuses : Qu'ils suçoient en secret les Mammelles des Vaches qui apartenoient aux *Houyhnhnms*, tuoient & mangeoient leurs chats, fouloient aux pieds leurs Herbes & leur Avoine, & feroient encore mille autres Extravagances, si l'on n'y prenoit garde. Il fit mention d'une Tradition generale, qui portoit, qu'il n'y avoit pas eu toûjours des *Yahoos* dans le pays ; mais qu'il y avoit quelques siecles que deux de ces Brutes parurent sur une Montagne, & qu'il étoit incertain si la Chaleur du Soleil les avoit formez de bouë corrompuë, ou bien de l'Ecume de la Mer. Que ces *Yahoos* eurent des petits, & qu'en peu de tems leur Race devint si nombreuse que tout le pays en fut infecté. Que les *Houyhnhnms* pour remedier à ce mal, s'assemblérent tous, attaquérent les *Yahoos*, & les forcérent à se retirer dans un Endroit où ils les environnerent de tous côtez, detruisirent les vieux, & prirent chacun deux Jeunes chez eux, qu'ils aprivoisérent ensuite autant que des Animaux naturellement si sauvages sont capables d'être aprivoisez; s'en servant pour porter & pour trainer des Fardeaux. Que cette Tradition avoit un grand air de vraisemblance, & que ces Créatures ne pouvoient pas être *Ylnhniamshy* (c'est à dire, Natives du pays) vû la violente haine que les *Houyhnhnms* aussi bien que les autres Animaux leur portoient ; Haine meritée à la verité par leurs mauvaises Qualitez, mais qui néanmoins n'auroit jamais été portée à ce point, si elles avoient été originaires du pays. Que la fantaisie qui avoit pris aux *Houyhnhnms* de se servir d'*Yahoos*, leur avoit fort imprudemment fait negliger la Race des *Anes*, qui sont de fort beaux Animaux, bien plus faciles à aprivoiser, & bien plus propres que les *Yahoos*, & d'ailleurs assez robustes pour resister au Travail, quoique d'ailleurs ils cedassent à ceux-ci en Agileté. Que si leurs Brayemens n'étoient pas agréables, le son pourtant en étoit moins horrible que celui des Hurlemens des *Yahoos*. Plusieurs autres dirent leurs Avis sur le même sujet, mais le plus remarquable de tous fut celui de mon Maître, quoique je puisse dire sans vanité que ce fût à moi qu'il eût l'obligation de l'Expedient admirable qu'il proposa à l'Assemblée. Il aprouva la Tradition dont on vient de faire mention, & affirma que les deux premiers *Yahoos* qu'on eût vûs dans le païs, y étoient venus par Mer ; qu'en arrivant à Terre, & étant abandonnez par leurs Compagnons ils s'étoient retirez dans les Montagnes, où ayant degeneré peu à peu, ils étoient devenus par laps de tems beaucoup plus sauvages que ceux de leur espèce dans le païs dont ils étoient venus. La Raison de son Assertion étoit, qu'il avoit actuellement chez lui un *Yahoo* merveilleux, (c'étoit moi) dont la plûpart d'entr'eux avoient oüi parler, & que plusieurs avoient vû. Il leur raconta alors, de quelle maniére il m'avoit trouvé ; que mon Corps étoit couvert de peaux d'Animaux, ou de leurs poils fort adroitement accommodez ; que je parlois une Langue qui m'étoit particuliere, & avois fort bien apris la leur ; que je lui avois raconté les differens Accidens qui m'avoient amené dans le païs ; que quand je me depoulloïs de ce qui me couvroit, je ressemblois extrêmement à un *Yahoo*, à cette Difference près, que j'étois plus blanc, moins velu, & que j'avois les pates plus courtes. Il ajouta, que j'avois tâché de lui persuader que dans mon païs aussi bien que dans plusieurs autres les *Yahoos* étoient des Animaux raisonnables, qui tenoient les *Houyhnhnms* en servitude : Qu'il avoit remarqué en moi toutes les Qualitez d'un *Yahoo*, hormis que j'étois un peu plus civilisé, & que j'avois quelque Teinture de Raison, quoique les *Houyhnhnms* eussent à cet égard autant de superiorité sur moi, que j'en avois sur les *Yahoos* de leur païs : Que, parmi d'autres choses, j'avois fait mention d'une coutume que nous avions de châtrer les *Houyhnhnms* quand ils étoient jeunes, afin de les rendre plus aprivoisez ; que l'Operation étoit aisée & sure ; qu'il n'y avoit point de honte à aprendre de certaines choses des Brutes, puisque

que la Fourmi donnoit aux *Houyhnhnms* des Leçons d'Industrie, & que l'Art de bâtir leur est enseigné par l'Hirondelle (car c'est ainsi que je traduis le mot de *Lyhannh*, quoique cet Oiseau soit bien plus grand que nos Hirondelles.) Qu'on pourroit faire usage de cette Invention à l'égard des jeunes *Yahoos*, ce qui non seulement les rendroit plus doux & plus traitables, mais aussi en éteindroit bientôt la Race, sans être obligé de recourir à des Remedes violens. Qu'en même tems les *Houyhnhnms* seroient *exhortez* à cultiver la Race des Anes, qui sont non seulement des Animaux preferables aux *Yahoos* à tous égards, mais qui ont encore par dessus eux l'Avantage d'être capables de rendre service dès l'Age de cinq ans, au lieu que les *Yahoos* n'en sçauroient rendre qu'à douze.

Voila tout ce que mon Maître trouva à propos de me raconter alors, touchant ce qui s'étoit passé dans le grand Conseil. Mais il me cacha une particularité qui me regardoit personnellement, dont je ne tardai guères à sentir les funestes Effets, comme j'en informerai mes Lecteurs en son lieu; & c'est de ce moment que je datte le malheur du reste de ma vie.

Les *Houyhnhnms* n'ont point de Lettres, & par conséquent ne connoissent rien que par Tradition. Mais comme il arrive peu de choses fort importantes parmi un Peuple si bien uni, naturellement porté à la pratique de toutes les Vertus, uniquement gouverné par la Raison, & separé de toutes les autres

Na-

Nations, leur Histoire n'est pas chargée de beaucoup de Faits. J'ai déjà observé qu'ils ne sont sujets à aucune Maladie, d'où il s'ensuit qu'ils n'ont pas besoin de Medecins. Cependant ils ont d'excellens Remedes faits de differentes Herbes, pour guerir les blessures que des pierres pointues peuvent faire à leurs Paturons, aussi bien que les Contusions qui pourroient arriver aux autres parties de leur Corps.

Ils comptent l'Année par la Revolution du Soleil & de la Lune, mais ne font aucune subdivision de semaines. Les mouvemens de ces deux Astres leur sont assez bien connus, & ils entendent la Nature des *Eclipses*; mais aussi est-ce tout ce qu'ils savent en *Astronomie*. Ils surpassent tous les Mortels en Poësie, par la Justesse de leurs Comparaisons, & par la Beauté & l'Exactitude de leurs Descriptions. Leurs vers abondent fort en l'une & l'autre de ces choses, & roulent d'ordinaire sur l'Excellence de l'Amitié, ou sur les Loüanges de ceux qui ont été Vainqueurs à la Course, ou à quelques autres Exercices corporels. Leurs Bâtimens, quoi que fort simples, sont assez commodes, & les mettent entiérement à couvert de toutes les injures de l'Air.

Les *Houyhnhnms* se servent de cette partie creuse qu'il y a entre le Paturon & la Corne de leurs pieds de devant, comme nous faisons de nos mains, & cela avec une Dexterité presque incroyable. Ils trayent leurs Vaches, rassemblent leur Avoine, & font en general tous les Ouvrages auxquels nous

nous servons de nos Mains. Il ont une sorte de pierres à Fusil fort dure, qu'ils aiguisent contre d'autres pierres, & dont ils font ensuite des Instrumens qui leur tiennent lieu de Coins, de Haches, & de Marteaux. De ces mêmes pierres ils font une espèce de Faux, avec laquelle ils coupent leur Foin & leur Avoine, qui croît d'elle-même dans de certains Champs: Les *Yahoos* en portent les Gerbes au Logis, que les Domestiques serrent dans plusieurs Huttes couvertes, pour en ôter le grain, qui est mis dans des Magasins. Ils font des Vaisseaux de Bois & de Terre, & exposent ceux-ci au Soleil pour les durcir.

A moins qu'il ne leur arrive quelque Accident extraordinaire, ils deviennent fort vieux, & sont enterrez dans le Lieu le plus obscur qu'on puisse trouver, sans que leurs Parens & leurs Amis marquent ni Joye ni Tristesse de leur Trepas. Eux-mêmes, quand ils sentent que leur fin aproche, quittent le monde avec aussi peu de regret, que s'ils prenoient congé d'un Voisin à qui ils auroient rendu une Visite. Je me souviens que mon Maître ayant prié un jour un de ses Amis de venir avec sa famille chez lui pour règler quelque Affaire importante, la Femme vint au jour marqué avec ses deux Enfans; mais fort tard; elle en allegua deux Raisons; dont la première étoit que le Matin même son Mari étoit *Shnuvvnh*. Le Terme est fort expressif dans leur Langue, & est très difficile à traduire en *Anglois*: il signifie proprement, *s'en retourner à sa première Mere.*

L'autre excuſe étoit, que ſon Mari étant mort aſſez tard dans la Matinée, il lui avoit falu du tems pour regler avec ſes Domeſtiques le Lieu où le Corps ſeroit mis; & je remarquai qu'elle fut auſſi gaye chez nous que le reſte de la Compagnie.

Ils vivent generalement juſqu'à ſoixante & dix ou ſoixante & quinze, mais rarement juſqu'à quatre-vingt ans. Quelques jours avant leur mort, ils s'affoibliſſent peu à peu, mais ſans aucun ſentiment de Douleur. Pendant ce tems leurs Amis leur rendent viſite, parce qu'ils ne ſçauroient ſortir comme à leur ordinaire. Cependant, environ dix jours avant leur mort, en quoi il leur arrive rarement de ſe tromper, ils rendent les viſites qu'on leur a faites, étant portez par des *Yahoos* dans une Voiture, dont ils ſe ſervent auſſi dans d'autres occaſions, comme qui diroit, quand ils ſont vieux, incommodez ou en voyage.

C'eſt quelque choſe d'aſſez ſingulier que les *Houyhnhnms* n'ont d'autre Terme que celui de *Yahoo* pour deſigner en general tout ce qui eſt mauvais. Ainſi quand ils veulent marquer la ſotiſe d'un Domeſtique, la faute qu'a faite un Enfant, & un Vilain tems, il ajoutent à chacune de ces choſes le mot de *Yahoo*, & les appellent, *hhnm Yahoo*, *VVhnaholm Yahoo*, *Ynlhmnd VVihlma Yahoo*, & une maiſon mal bâtie, *Ynholmhnmrohlvv Yahoo*.

Ce ſeroit avec plaiſir que je pourrois m'étendre d'avantage ſur les excellentes Qualitez de ce peuple admirable; mais comme j'ai deſſein de publier dans peu un Volume qui rou-

roulera uniquement fur ce fujet, j'y renvoye mes Lecteurs; & leur vai faire part de la plus funefte Cataftrophe qui me foit jamais arrivée, & qui empoifonne encore actuellement toute la Douceur de ma vie.

CHAPITRE X.

Quelle heureufe vie l'Auteur menoit parmi les Houyhnhnms. Progrès qu'il fait dans la Vertu en converfant avec eux. Leurs Converfations. L'Auteur eft informé par fon Maître qu'il faut qu'il quite le païs. Il s'évanouit de Douleur, & après avoir repris fes fens promet d'obéïr. Il vient à bout de faire un Canot, & met en Mer à l'Avanture.

MOn Maître m'avoit donné un Apartement éloigné de fa Maifon de fix Verges, que j'avois accommodé & meublé à ma Fantaifie. En guife de plancher & de Tapifferies j'y avois mis des Nattes de jonc, que j'avois faites moi-même. Le Chanvre croit dans ce païs fans qu'on le feme, & les Habitans n'en font aucun ufage: Je m'en fervis pour faire une efpèce de Taye dont je formai enfuite des Couffins par le moyen de plufieurs plumes d'Oifeaux que j'avois pris avec des Lacets faits de cheveux de *Yahoos*.

J'a-

J'avois fait deux Chaifes, graces au fecours que me prêta le Cheval alezan. Quand mes habits furent entiérement ufez, je m'en fis d'autres avec des peaux de Lapin, & avec celles d'un certain Animal qu'ils apellent *Nnuhnoh* ; dont tout le corps eft couvert d'un fin Duvet. Je me fervis auffi de celles-ci pour en faire des Bas. Je me fis des femelles de bois, que j'attachai au cuir de deffus le mieux qu'il me fut poffible, & quand ce cuir fut ufé, je tâchai d'y remedier par des peaux de *Yahoos* fechées au Soleil. Je m'amufois quelquefois à chercher du miel dans des creux d'Arbres, que je mêlois enfuite avec de l'Eau, ou que je mangeois avec mon pain. Il n'y avoit point d'Homme alors qui fentît mieux que moi la juftefle de ces deux Maximes, *Que la Nature eft contente de peu ;* &, *Que la neceffité eft la Mére de l'invention.* Je joüiffois d'une parfaite fanté à l'égard du Corps, & de la plus aimable Tranquillité par raport à l'Ame. Je n'éprouvois point l'inconftance d'un Ami, ni les injures d'un Ennemi fecret ou declaré. Je n'étois pas obligé de gagner les bonnes graces d'un grand Seigneur ou de fon Mignon à force d'Adulation & de Baffeffes. Je n'avois pas befoin d'être défendu contre la Fraude ou l'Opreffion. Dans cet heureux fejour il n'y avoit ni Medecins pour detruire mon corps, ni Gens de Loy pour ruiner ma fortune ; point de Délateur pour épier mes paroles & mes Actions, ou pour forger des Accufations contre moi ; point de mauvais plaifans, de medifans, de faux Amis, de Voleurs de

grand

grand Chemin, de Procureurs, de Maque-
raux, de Bouffons, de Joüeurs, de Politiques, de pretendus beaux Esprits, d'ennuyeux
Conteurs, de Disputeurs, de Ravisseurs, de
Meurtriers, de Chefs de parti; point de
gens dont la seduction ou l'Exemple encou-
rageassent les autres au Crime; point de
Cachots, de Haches, de Gibets, ou de Pi-
loris; point d'Imposture, d'Orgüeil, ou d'Affectation, point de Fats, de Breteurs,
d'Yvrognes, de filles publiques, ou d'infames
Maladies; point de Pedants ignorans & enflez
de leur savoir; point de Querelleurs, d'Im-
portuns, ou de Jureurs; point de faquins que
leurs vices ont tirez de la misére, ou d'honnêtes gens qu'une vertu incorruptible y a
plongé; point de Grands Seigneurs, de
Joüeurs de violon, de Juges, ou de Maîtres à
danser.

J'avois le bonheur d'être admis à la compagnie de quelques *Houyhnhnms*, qui venoient
de tems en tems rendre visite, ou demander à dîner à mon Maître. Lui & ses Amis
s'abaissoient quelquefois jusqu'à me faire des
Questions, & à écouter mes Reponses. J'ac-
compagnois même quelquefois mon Maître
dans les visites qu'il leur rendoit. Je ne pre-
nois jamais la liberté de parler, à moins que
ce ne fût pour repondre à quelque Demande;
ce que je ne faisois pas sans regret, parce
que c'étoit autant de Tems perdu que j'aurois pû mieux employer en écoutant. Les
Houyhnhnms observent dans leurs Conversations les Regles les plus exactes de la *Décence*, sans qu'il paroisse qu'ils en sachent seu-
le-

lement une de ce que nous apellons *Céremonie*: Quand ils se parlent, c'est sans s'interrompre, sans s'ennuyer, & sans être jamais de sentiment oposé. Je leur ai ouï dire plus d'une fois, que le meilleur moyen de ranimer la Conversation dans une Assemblée, est de garder le silence pendant quelques momens: C'est dequoi j'ai plus d'une fois été Témoin; car pendant ces petites pauses, je remarquois qu'il leur venoit de nouvelles idées qui donnoient un nouveau Feu à leurs Conversations. Leurs Discours roulent ordinairement sur l'Amitié, la Bienveillance & l'Oeconomie; quelquefois sur les ouvrages de la Nature où sur quelques Anciennes Traditions; sur les Loix de la vertu, sur les Regles invariables de la Raison, ou bien sur quelques Resolutions qui doivent être prises dans la prochaine Assemblée des Députez de la Nation; & souvent sur les differentes Beautez & sur l'Excellence de la Poësie : Je puis ajouter sans vanité que ma presence a plus d'une fois fourni matiére à leur Entretien, parce qu'elle fournissoit à mon Maître l'occasion de parler à ses Amis de mon Histoire & de celle de mon païs. Comme ce qu'ils dirent sur ce sujet ne faisoit pas autrement honneur à la Nature humaine, je crois que mes Lecteurs voudront bien me dispenser de le repeter.

J'avouë ingenuement que je dois le peu de connoissances de quelque prix que je puis avoir, aux Leçons que j'ai receuës de mon Maître, & aux sages Discours de lui & de ses Amis, dont j'ai été Auditeur.

Je

Je ne pouvois suffire aux mouvemens de veneration qu'excitoient en moi les Avantages du corps, & sur tout les admirables qualitez de l'Ame des *Houyhnhnms*. A la verité, je ne sentis pas d'abord ce Respect naturel que les *Yahoos* & les autres Animaux du pays leur portent: mais je ne tardai guères à l'éprouver, & à y joindre cette Reconnoissance & cet Amour, dont la bonté avec laquelle ils me distinguoient du reste de mon Espèce, les rendoit si dignes. Quand je pensois à ma Famille, à mes Amis, & à mes Compatriotes, ou bien aux Hommes en general, je les consideroit comme s'ils avoient été réellement des *Yahoos* en Figure & Inclinations ; avec cette difference pourtant qu'ils étoient un peu civilisez, qu'ils parloient, & qu'ils avoient en partage une Raison, de laquelle néanmoins ils ne se servoient que pour multiplier leurs vices, dont leurs Fréres les *Yahoos* de ce pays n'avoient que la portion que la Nature leur avoit donnée. Quand il m'arrivoit de me regarder dans un Lac ou dans une Fontaine, j'étois saisi de je ne sçai quelle Horreur, & la vuë d'un *Yahoo* ordinaire m'étoit plus suportable que la mienne. En conversant avec les *Houyhnhnms*, & en les considerant avec plaisir, je me suis insensiblement accoutumé à prendre quelque chose de leur Air, & de leur Demarche ; & mes Amis m'ont fort souvent fait remarquer qu'en nous promenant dans un Chemin uni *je trotois comme un Cheval* ; ce que j'ai toûjours pris pour un Compliment fort gracieux.

Au milieu de mon Bonheur, & dans le Tems que je comptois le plus surement de passer le reste de mes jours dans ce pays, mon Maître me fit querir un matin de meilleure heure qu'à l'ordinaire. Je vis à son Air qu'il étoit embarrassé, & qu'il ne savoit de quelle maniére commencer ce qu'il avoit à me dire. Après quelques momens de silence, il me dit, qu'il ignoroit comment je prendrois ce qu'il aloit me notifier ; que dans la derniére Assemblée ; quand la Question touchant les *Yahoos* avoit été agitée, les Deputez de tous les autres Districts avoient declaré, qu'ils étoient étonnez de ce que dans sa Famille il traitoit un *Yahoo* (c'étoit moi) plutôt en *Houyhnhnm*, qu'en Bête brute, Qu'il conversoit avec moi, comme s'il pouvoit retirer quelque plaisir de mon commerce : Qu'une pareille conduite étoit une chose inouye, & d'ailleurs également oposée à la Nature & à la Raison. Mon Maître ajoûta, que là dessus l'Assemblée l'avoit *exhorté*, de m'employer comme les autres Animaux de mon espéce, ou bien de m'ordonner de regagner à la nage l'endroit d'où j'étois venu. Que le premier de ces Expediens avoit été unanimement rejetté par tous les *Houyhnhnms* qui m'avoient vû chez lui ou chez eux : Car ils alleguoient, que parce que, avec la mechanceté Naturelle de ces Animaux, j'avois quelques principes de Raison, il étoit à craindre que je ne les amenasse avec moi dans les Montagnes, d'où nous reviendrions ensuite nous jetter de nuit sur les Troupeaux des *Houyhnhnms* ; ce qui étoit d'autant plus
apa-

rent que nous étions tous d'un naturel rapace & paresseux.

Mon Maître m'aprit de plus, que les *Houyhnhnms* ses voisins le pressoient tous les jours d'executer l'*Exhortation* de l'Assemblée, & qu'il n'osoit plus y aporter de nouveaux Délais. Il m'assura qu'il doutoit qu'il me fût possible de gagner un autre pays à la Nage, & que pour cet éfet il souhaittoit que je fisse un Vaisseau qui ressemblât en petit à ceux dont je lui avois fait la Description, & avec lequel je pusse m'éloigner de leur pays : qu'au reste je ne serois pas seul à entreprendre cet Ouvrage, & que ses Domestiques aussi bien que ceux de ses Voisins m'y aideroient. Pour ce qui me regarde, continua-t'il, j'aurois été fort content de vous garder à mon service, parce que j'ay trouvé que vous vous êtes corrigé de plusieurs Défauts, en tâchant d'imiter les *Houyhnhnms* autant qu'un Etre d'une Classe inferieure en est capable.

C'est ici le lieu de faire remarquer à mes Lecteurs, qu'un Decret de l'Assemblée generale de ce pays, est designé par le mot *Hnhloayn*, qui signifie une *Exhortation*, ce qui vient de ce qu'ils ne conçoivent pas comment une Créature Raisonnable peut être *forcée* à quelque chose, ou comment on peut la lui commander, parce qu'elle ne sçauroit desobéïr à la Raison, sans renoncer par cela même au Titre de Créature Raisonnable.

Le Discours de mon Maître me jetta dans un tel Desespoir, qu'incapable de supporter l'horreur de mon état, je tombai évanoüy à ſes pieds. Quand je fus revenu à moi, il me dit qu'il m'avoit cru mort. (car ce peuple n'eſt pas ſujet à ces ſortes de Défaillances.) Je repondis, d'une voix foible, que je ſerois trop heureux ſi une prompte mort venoit terminer mes malheurs; que quoi que je n'euſſe rien à repliquer à l'*Exhortation* de l'Aſſemblée, ni aux inſtances de ſes Amis, il me paroiſſoit pourtant qu'un peu moins de rigueur auroit pû s'accorder avec cette haute Raiſon qui paroiſſoit dans tous leurs Jugemens. Que je ne pouvois pas faire une lieuë à la nage, & que probablement il en faudroit faire plus de cent avant que d'aborder à quelque pays: Que pour conſtruire un petit Vaiſſeau, il me falloit pluſieurs Materiaux qu'il leur étoit impoſſible de me fournir, & qu'ainſi je devois regarder leur *Exhortation* comme une ſentence de mort prononcée contre moi. Qu'une mort violente étoit le moindre des maux que je redoutois; mais qu'il m'étoit impoſſible d'exprimer mon Affliction lorſque je ſongeois, que quand même par une ſuite de miracles, je pourrois me rendre ſain & ſauf dans ma Patrie, je ſerois obligé de paſſer mes jours parmi les *Yahoos*, & expoſé à retomber dans mes premiers vices, faute d'Exemples qui me retinſſent dans le chemin de la Vertu. Que je ſavois trop ſur quelles ſolides Raiſons étoient fondées toutes les Reſolutions des *Houyhnhnms*, pour vouloir les faire revoquer par les Argumens d'un miſerable *Yahoo* comme moi. Pour cet éfet après l'avoir très humbleblement remercié de l'Offre qu'il m'avoit faite touchant l'Assistance de ses Domestiques, & l'avoir prié de m'accorder un Espace de tems proportionné à la grandeur de l'Ouvrage, je lui dis que j'allois tâcher de conserver ma vie toute malheureuse qu'elle étoit ; & que si je revenois jamais en *Angleterre*, je ne desesperois pas d'être de quelque usage à ceux de mon Espèce, en leur proposant les vertueux & sages *Houyhnhnms* pour modèles.

Mon Maître me fit une Reponse fort honnête, & m'acorda deux mois pour finir ma Chaloupe : il ordonna aussi au Cheval alezan mon bon Ami de suivre en tout mes Instructions, parce que j'avois dit à mon Maître que son secours me suffiroit.

Mon premier soin fut d'aler vers cet endroit de la Côte où mes gens m'avoient fait mettre à Terre. Je montai sur une Eminence, & regardant de tous côtez en Mer, je crus voir une petite Isle au *Nord-Est* : Je pris ma Lunette d'aproche, & vis alors distinctement qu'elle devoit être à cinq lieuës de moi, au moins suivant mon Calcul, mais mon Compagnon crût que ce n'étoit qu'un Nuage : & cela n'est pas étonnant ; car, comme il ne connoissoit pas d'autre pays que le sien, il étoit naturel qu'il ne pût pas distinguer des objets placez bien avant dans la Mer, aussi bien que moi, à qui cet Element étoit si familier.

Après avoir fait cette Decouverte, je m'en retournai au Logis : le lendemain j'allai avec le Cheval alezan dans un Bois qui étoit à une petite demie lieuë de chez nous, pour y couper le Bois dont j'avois besoin pour l'Execution de mon Entreprise. Je ne fatiguerai point mes Lecteurs d'une Description détaillée de tout ce que nous fîmes à cet égard; il leur suffira de sçavoir que dans l'espace de six semaines, avec l'aide de mon Compagnon, je vins à bout de faire une maniére de Canot *Indien*, & quatre Rames. Les Cordes, dont j'avois besoin, étoient faites de Chanvre, & ma Voile, de peaux de *Yahoos*. Mes provisions consistoient en quelques Lapins & quelques Oiseaux bouillis, & dans deux vaisseaux, dont l'un étoit plein de Lait & l'autre d'Eau.

J'essayai dans un Etang qui étoit près de la Maison de mon Maître, si mon Canot avoit quelques voyes d'Eau, & pris soin de les bien boucher; après quoi mon petit Vaisseau fut porté par des *Yahoos* au bord de la Mer, sous les auspices du Cheval alezan & d'un autre Domestique.

Quand tout fut prêt & que le jour de mon départ fut arrivé, je pris congé de mon Maître, de ma Maîtresse, & de toute sa Famille, les Larmes aux yeux, & le Desespoir dans le Cœur. Mais mon Maître, par Curiosité, & peut-être (si j'ose le dire sans vanité) par Amitié pour moi, voulut me voir mettre en Mer, & pria quelques-uns de ses Voisins de l'accompagner. Je fus obligé d'attendre plus d'une heure avant que l'Eau commençât à hausser, après quoi ayant remarqué que le vent étoit bon pour gagner l'Isle que j'avois decouverte, je pris une seconde

conde fois congé de mon Maître ; mais dans le tems que je me prosternois pour baiser la corne de son pied, il me fit l'honneur de le lever ; & de l'aprocher doucement de ma Bouche, je n'ignore pas toutes les Critiques que je me suis attiré pour avoir fait mention de cette dernière particularité. Car mes Ennemis ont pris plaisir à repandre, qu'il n'étoit pas aparent, qu'un si illustre Personnage eût accordé une si éclatante marque de faveur, à une Créature qui lui étoit si inferieure. Mais sans justifier ma veracité sur ce sujet, par l'Exemple de mille & mille Voyageurs qui font mention de l'Accueil honorable que leur ont fait les plus grands Momarques, je me contenterai de dire, que ceux qui revoquent en doute ce Trait de politesse de mon Maître, ne savent pas jusqu'à quel point les *Houyhnhnms* sont honnêtes & obligeans.

Je fis une profonde Reverence aux *Houyhnhnms* qui avoient accompagné mon Maître ; puis m'étant mis dans mon Canot, je m'éloignai du Rivage.

I 3   CHA-

CHAPITRE XI.

Quels Dangers l'Auteur essuya. Il arrive à la Nouvelle Hollande, espérant d'y fixer sa demeure. Il est blessé d'un coup de Fléche par un des Naturels du pays, & transporté dans un Vaisseau Portugais. Il reçoit de grandes Civilitez du Capitaine, & arrive en Angleterre.

J'Entrepris ce triste Voyage le 15. *Fevrier* de l'année 71e. à neuf heures du Matin. Le Vent étoit fort favorable ; cependant, je ne fis d'abord usage que de mes Rames, mais considerant que je serois bientôt las, & que le Vent pouvoit changer, je haussai ma petite Voile ; & ainsi à l'aide de la Marée, je fis une Lieuë & demie par Heure, à ce qu'il me paroissoit.

Mon Maître & ses Amis restérent sur le Rivage jusqu'à ce qu'ils m'eussent entiérement perdu de vuë, & j'entendis plusieurs fois le Cheval alezan, (qui avoit certainement de l'Amitié pour moi) criant à haute voix, *Hnuy illa nyha Majah Yahoo*, je vous souhaite un bon Voyage, aimable *Yahoo*.

Mon Dessein étoit de découvrir, s'il étoit possible, quelque petite Isle inhabitée, qui pût me fournir ce qui étoit necessaire à la Con-

Conservation de ma vie, afin d'y passer tranquillement le reste de mes jours ; Sort qui me paroissoit preferable aux Postes les plus brillans que j'aurois pû occuper dans une des premiéres Cours de l'*Europe* ; tant étoit affreuse l'idée que je me formois de la Societé & du Gouvernement des *Yahoos*. Car j'envisageois une pareille Retraite comme le seul sejour, où je pourrois consacrer toutes mes pensées au souvenir des vertus des inimitables *Houyhnhnms*, sans être exposé au funesté peril de retomber dans tous les vices pour lesquels j'avois une si sincère Horreur.

Le Lecteur se souviendra peut-être que je lui ai raconté, que ceux de mes gens qui me mirent sur le Rivage, me dirent qu'ils ignoroient dans quelle partie du Monde nous étions. Cependant je crûs alors que nous pouvions être à dix Degrez au *Sud* du *Cap de Bonne Esperance*, ou au 15. Degré de Latitude *Meridionale*, à ce que je pûs conclurre de certaines choses que je leur avois oüy dire entr'eux touchant la Route qu'il faloit prendre pour arriver à *Madagascar*. Ce que j'avois oüy ne me fournissoit néanmoins qu'une foible Conjecture : mais comme cela valoit encore mieux que rien, je resolus d'avancer toûjours vers l'*Est* dans l'esperance de gagner la côte *Occidentale* de la *Nouvelle Hollande*, & de trouver peut-être près de là quelque Isle telle que je la souhaitois. Le Vent étoit tout à fait au *VVest*, & à six Heures du soir j'avois fait environ dix huit Lieuës, quand j'aperçus une fort petite Isle, éloignée à peu près d'une demie lieuë que j'eus bientôt faite. En y abordant, je vis que ce n'étoit qu'une Espèce de Rocher, avec une petite Baye.

J'entrai dans cette Baye avec mon Canot, & après avoir gagné le haut du Rocher, je vis distinctement à *l'Est* un pays qui s'étendoit du *Sud* au *Nord*. Je passai la nuit dans mon Canot, & ayant continué mon Voyage le lendemain de bon matin, j'arrivai en sept heures à la pointe *Meridionale* de la *Nouvelle Hollande*; ce qui me confirma dans une opinion dans laquelle j'étois déjà depuis long-tems, je veux dire, que nos *Cartes Geographiques* placent ce pays au moins de trois Degrez plus à l'*Est* qu'il n'est réellement. J'en dis ma pensée il y a quelques Années à mon digne Ami Mr. *Moll*, & lui alleguai les raisons sur lesquelles je me fondois, mais il a mieux aimé suivre d'autres Autoritez.

Je ne vis point d'Habitans dans le lieu où j'abordai, & comme je n'avois point d'Armes, je n'osai pas avancer dans le pays. Je trouvai quelques poissons à coquille sur le Rivage, que je mangeai crus, n'osant pas faire de feu de peur d'être découvert par les Habitans. Je continuai pendant trois jours à me nourrir d'Huitres & de Moucles, pour épargner mes provisions, & par un grand bonheur je trouvai un Ruisseau dont l'Eau étoit admirable, ce qui me fit le plus sensible plaisir.

Le quatriéme jour, m'étant un peu trop avancé dans le pays, j'aperçus vingt ou trente personnes sur une Eminence, à la distance

distance d'environ cinq cent verges de moi. Cette Troupe étoit composée d'Hommes, de Femmes & d'Enfans, qui se tenoient autour d'un Feu, & qui étoient tous nus. Un d'eux me vit, & le dit aux autres; surquoi cinq d'entr'eux s'avancérent vers moi: Je me hâtai de gagner le rivage, & m'étant jetté dans mon Canot je m'éloignai à force de rames: Les Sauvages voyant que je me retirois coururent après moi; & avant que je pusse m'éloigner assez, ils me tirérent une Flêche, qui me fit une profonde blessure à la partie interieure du genou gauche. (J'en porte encore la marque.). Je craignis que la Flêche ne fût empoisonnée. Cette crainte me fit naître le Dessein de sucer la playe, quand je serois hors de la portée de leurs traits; ce que je fis, après quoi je la bandai le mieux qu'il me fut possible.

J'étois fort embarrassé de ma personne: Car je n'osois pas retourner au même Endroit où j'avois abordé; ainsi je fus obligé de remettre en Mer. Pendant que je cherchois des yeux quelque lieu convenable, je vis une Voile au *Nord-Nord-Est*, qui venoit vers l'Endroit où j'étois. Je fus en doute si j'atendrois ce Vaisseau ou non; mais enfin mon horreur pour la Race des *Yahoos* l'emporta sur toute autre consideration, & me fit gagner à force de Rames la Baye dont j'étois parti le matin, aimant mieux être tué par ces Barbares, que de vivre parmi les *Yahoos* de l'*Europe*. J'aprochai mon Canot du Rivage le plus qu'il me fut possible, & me cachai moi-même derrière

I 5   une

une pierre, qui n'étoit pas loin du petit ruisseau dont j'ai parlé.

Le Vaisseau s'arrêta environ à une demie lieuë de la Baye, ce qui me fit concevoir quelque Espoir de n'être pas aperçu : mais je fus cruellement trompé dans mon Attente : Car dans le tems que je me repaissois de cette Espérance, le Capitaine du Vaisseau y envoya quelques Hommes de son Equipage dans la Chaloupe pour y faire de l'Eau. Ces gens aperçurent mon Canot, & conjecturérent que le propriétaire ne devoit pas être loin. Quatre d'entr'eux bien armez me cherchérent avec soin, & m'eurent bientôt trouvé. Je remarquai qu'ils étoient surpris de me voir si étrangement habillé & chaussé ; d'où ils conclurent (à ce qu'ils me dirent depuis) que je n'étois pas un des Naturels du pays, qui vont tous nus. Un des Matelots me pria en *Portugais* de me lever, & me demanda qui j'étois. J'entendois fort bien cette Langue, & m'étant levé, je dis, que j'étois un pauvre *Yahoo*, qui avoit été banni du pays des *Houyhnhnms*, & qui les conjuroit de le laisser aller. Ils furent étonnez d'entendre que je leur parlois *Portugais*, & virent à mon Teint & à ma Phisionomie que j'étois *Européen* ; mais ils ne sçurent ce que j'entendois par les *Yahoos* & les *Houyhnhnms*, & éclatérent de rire à l'ouye du Ton dont je prononçois ces paroles, qui avoit quelque chose du Hennissement des Chevaux. Je les conjurai de nouveau de me laisser partir, & sans attendre leur permission, je gagnois déjà tout doucement
mon

mon Canot, quand ils me retinrent pour me demander, de quel pays j'étois? & d'où je venois? Je leur dis que j'étois né en *Angleterre*, d'où j'étois parti il y avoit environ cinq ans, & que dans ce tems leur Royaume & le nôtre étoient en paix. Que pour cette Cause je me flatois qu'ils ne me traiteroient pas en Ennemi, puis que je ne leur avois point fait de mal, mais étois un pauvre *Yahoo*, qui cherchoit quelque endroit desert pour y passer le reste de sa malheureuse vie.

Quand ils commencèrent à parler, je fus frapé d'un étonnement inexprimable: Car cela me parut aussi étrange que si une Vache avoit parlé en *Angleterre*, ou un *Yahoo* dans le pays des *Houyhnhnms*. Les *Portugais* ne furent pas moins surpris que moi, à la vûë de mes habits & à l'ouïe de mes Discours: la manière dont je prononçois mes mots étoit pour eux quelque chose de nouveau & d'incomprehensible, quoique d'ailleurs ils entendissent tout ce que je disois. Ils me parlèrent avec beaucoup de douceur, & me dirent qu'ils étoient persuadez que leur Capitaine se feroit un plaisir de me transporter à *Lisbonne*, d'où je pourrois retourner en mon pays; que deux des Matelots se rendroient au Vaisseau pour informer le Capitaine de ce qu'ils avoient vû, & pour recevoir ses ordres; qu'au reste, si je ne leur jurois de ne point m'enfuïr, ils s'assureroient de moi par force. Je crus que le meilleur parti que je pouvois prendre étoit de leur faire une pareille promesse. Ils mouroient d'Envie de sçavoir mon Histoire, mais je ne satisfis que très imparfaitement leur curiosité; & tous conjecturérent que mes malheurs avoient alteré ma Raison. Dans l'espace de deux heures la Chaloupe qui avoit aporté des Futailles pleines d'Eau à bord, revint avec ordre du Capitaine de m'amener à son Vaisseau. Je priai à genoux, & à mains jointes qu'on me laissât ma liberté: mais toutes mes priéres furent inutiles. Je fus lié, transporté dans la Chaloupe, & quand nous eûmes gagné le Vaisseau, conduit dans la Cabane du Capitaine.

Il s'apelloit *Pedro de Mendez*, & étoit fort honnête & fort genereux; il me suplia de lui dire si je voulois quelque chose, & m'assura que je serois traité comme lui-même. Je ne fus pas mediocrement surpris de trouver des maniéres si obligeantes dans un *Yahoo*. Cependant pour toute Reponse, je priai qu'on me donnât à manger quelque chose de ce qui étoit dans mon Canot; mais il me fit aporter un Poulet, & une Bouteille d'excellent Vin, & donna ordre qu'on me préparât un Lit dans un Cabane fort propre. Je ne voulus pas me deshabiller, mais je me mis sur les Couvertures, afin que quand les Matelots dineroient, je pusse plus promptement gagner le Tillac, & me jetter dans la Mer, aimant mieux m'exposer à la fureur des Ondes, qu'à vivre plus long-tems parmi des *Yahoos*. Mais un des Matelots m'en empêcha, & en ayant donné avis au Capitaine, je fus enchainé dans ma Cabane.

Après

Après dîner *Don Pedro* vint me voir, & me demanda ce qui m'avoit porté à former un si funeste Dessein: Il me protesta qu'il étoit disposé à me rendre tous les services dont il étoit capable, & me parla d'une manière si touchante, que je fus enfin forcé à en agir avec lui comme avec un Animal qui n'étoit pas entierement destitué de raison. Je lui fis une Relation abregée de mon Voyage, de la Conspiration de mes gens, du païs où ils m'avoient laissé, & du séjour que j'y avois fait pendant trois Années. Il prit tout ce que je lui racontai pour une Vision ou pour un songe; ce qui m'offensa plus que je ne sçaurois dire, car j'avois entierement perdu la Faculté de mentir, & par cela même la Disposition à soupçonner les autres de Mensonge. Je lui demandai, si c'étoit la coutume dans son Pays de dire *la chose qui n'est pas?* Et lui protestai, que j'avois presque oublié ce qu'il entendoit par fausseté, & que si j'avois passé mille ans dans le pays des *Houyhnhnms*, je n'y aurois pas entendu un seul Mensonge du moindre de leurs Domestiques; qu'il m'étoit fort indiferent s'il ajoûtoit Foi à ce que je lui avois dit, ou non; que néanmoins, pour repondre aux Amitiez qu'il m'avoit faites, j'étois prêt à repondre à toutes les Objections qu'il voudroit me proposer, & que j'esperois de le contraindre par ce moyen à rendre justice à ma veracité.

Mendez, qui étoit un Homme d'esprit, tâcha par plusieurs Questions de me surprendre en Mensonge, mais voyant qu'il n'en pouvoit venir à bout, il commença à avoir meilleure opinion de ma sincerité ou de mon bon sens : il m'avoüa même qu'il avoit rencontré un Capitaine de Vaisseau *Hollandois*, qui lui avoit dit ; qu'ayant mis pied à Terre dans une Isle ou Continent de la *Nouvelle Hollande*, il avoit vu un Cheval qui chassoit devant lui plusieurs Animaux ressemblant exactement à ceux que j'avois décrits sous le nom de *Yahoos*, avec quelques autres particularitez que le Capitaine *Portugais* disoit avoir oubliées, parce qu'il les avoit prises alors pour des Mensonges. Mais il ajouta, que puisque je faisois profession d'avoir un Attachement inviolable pour la Verité, je devois lui donner ma parole d'Honneur, que pendant tout le Voyage je n'atenterois pas à ma Vie, ou bien qu'il s'assureroit de moi jusqu'à ce que nous fussions arrivez à *Lisbonne*. Je le lui promis, en protestant en même Tems, qu'il n'y avoit point de mauvais Traitemens que je n'aimasse mieux essuyer que de retourner parmi les *Yahoos*.

Il ne nous arriva rien de fort remarquable pendant nôtre Voyage. Par Reconnoissance pour le Capitaine je me rendois quelquefois à la priére qu'il me faisoit de passer quelques Heures avec lui, & tâchois de cacher les sentimens de haine & de mépris que j'avois pour les Hommes : cependant ils m'échapoient de tems en tems, mais il ne faisoit pas semblant de les remarquer. Je passois la plus grande partie du jour seul dans ma Cabane, afin de m'épargner la vûë de quelqu'un de l'Equipage. Le Capitaine m'a-

voit

voit souvent pressé de me défaire de mes vêtemens sauvages, & m'avoit offert dequoi m'habiller de pié en cap ; mais je refusai constamment cette offre, ne voulant me couvrir de rien qui eût servi à un *Yahoo.* Je le priai seulement de me prêter deux chemises nettes, qui ayant été lavées depuis qu'il les avoit portées, ne pouvoient pas à mon Avis, me souiller si fort. Je mettois une de ces Chemises de deux en deux jours, & lavois moi même l'autre pendant cet intervale.

Nous arrivâmes à *Lisbonne* le 5. Novembre 1715. Quand il falut mettre pié à Terre, le Capitaine me força à me couvrir de son Manteau, afin que la Canaille ne s'attroupât pas autour de moi. Je fus conduit à sa Maison, & à mon instante priére, logé dans l'Apartement le plus reculé. Je le conjurai de ne conter à personne ce que je lui avois dit touchant les *Houyhnhnms,* parce qu'une pareille Histoire ameneroit non seulement un nombre infini de gens chez lui pour me voir, mais m'exposeroit aussi à être mis en prison ou brûlé par ordre de *l'Inquisition.* Le Capitaine gagna sur moi d'accepter un assortiment complet d'habits nouvellement faits, mais je ne voulus pas permettre que le Tailleur me prît la mesure ; cependant ils m'allérent assez bien, parce que *Don Pedro* étoit à peu près de ma Taille. Il me donna aussi quelques autres hardes dont j'avois besoin ; mais j'eus soin de les exposer pendant vingt-quatre heures à l'air avant que de les mettre.

Le

Le Capitaine n'avoit point de Femme, mais seulement trois Domestiques, dont par complaisance pour moi, aucun ne nous servit à Table. En un mot toutes ses manieres d'agir à mon égard étoient si obligeantes, & lui-même étoit si raisonnable, pour n'être doüé que d'une Intelligence *Humaine*, qu'à la lettre sa Compagnie commençoit à me paroître suportable. Il eut assez d'ascendant sur moi pour me persuader de prendre un autre Apartement, dont les fenêtres donnoient dans la ruë: La premiere fois que j'y jettai les yeux, je tournai la tête tout effrayé. En moins d'une semaine il me mena jusqu'à la porte de sa Maison. Je trouvai que ma frayeur diminuoit peu à peu, mais que la haine & le mépris que j'avois pour les Hommes ne faisoient qu'augmenter: Enfin je devins hardi jusqu'au point de me promener avec lui par la Ville.

Don Pedro, à qui j'avois fait un Détail de mes Affaires Domestiques, me dit un jour, qu'il me croyoit obligé en Honneur & en Conscience de m'en retourner dans ma Patrie, & de passer le reste de mes jours avec ma Femme & mes Enfans. Il m'aprit qu'il y avoit dans le Port un Vaisseau *Anglois* prêt à faire Voile; & m'assura qu'il auroit soin de me fournir tout ce qui me seroit necessaire pour mon Voyage. Je n'ennuierai pas mes Lecteurs en leur repetant ses Argumens & mes Reponses. Il dit qu'il étoit impossible de trouver une Isle telle que je la voulois; mais que j'étois le Maître chez moi, & qu'il ne tenoit qu'à moi d'y vivre dans la Retraite.

Je me rendis à la fin, convaincu qu'il avoit raison. Je partis de *Lisbonne* le 24. *Novembre*, dans un Vaisseau Marchand *Anglois*, dont je n'ai, du moins que je sache, jamais vû le Commandant, parce que je n'ai pas daigné m'en informer, & que sous pretexte d'être incommodé je ne sortois point de ma Cabane. *Don Pedro* me conduisit au Vaisseau, & me prêta vingt guinées. Il m'embrassa en prenant congé de moi, & ce ne fut que par excès de Reconnoissance que je souffris cette Honnêteté. Le 5. *Decembre* 1715. nous arrivâmes aux *Dunes* à neuf heures du matin, & à trois heures après midi j'entrai chez moi.

Ma Femme & mes Enfans furent surpris & charmez en me voyant, parce qu'ils m'avoient crû mort; mais il faut que j'avoüe que leur vûë n'excita en moi que de la Haine, du Dégout & du Mepris. Car, depuis mon départ du pays des *Houyhnhnms*, si je m'étois contraint jusqu'à regarder des *Yahoos*, & jusqu'à converser avec *Don Pedro de Mendez*; ma Memoire néanmoins & mon Imagination étoient toûjours pleines des excellentes qualitez des *Houyhnhnms*. Et quand il m'arrivoit de songer que des familiaritez d'un certain genre avec une *Yahoo*, m'attachoient à l'Espèce par un Lien de plus, il m'est impossible d'exprimer ma Confusion & mon Horreur.

Dès que ma Femme m'eut vû, elle me sauta au Cou pour m'embrasser: mais comme un Animal si odieux ne m'avoit touché
depuis

depuis plusieurs Années, cette marque d'Amitié me causa un Evanoüissement qui dura près d'une heure. Au moment que j'écris ceci, il y a cinq Ans que je suis de retour de mon dernier Voyage : Pendant la premiére Année la vuë de ma femme & de mes Enfans m'étoit insuportable, & je ne permettois pas qu'ils mangeassent dans le même Apartement que moi : A l'heure qu'il est ils n'oseroient toucher mon pain ni boire dans mon verre : & je n'ai pas encore pû gagner sur moi de leur faire la grace de me prendre par la main. Le premier Argent que j'employai, servit à acheter deux Chevaux entiers que je garde dans une bonne Ecurie, & l'Apartement qui en est le plus près est celui où j'aime le plus à être ; car je ne sçaurois dire jusqu'à quel point je suis recréé par l'odeur de l'Ecurie. Mes Chevaux m'entendent passablement bien ; je passe regulierement avec eux au moins quatre heures par jour. Jamais je ne leur ai fait mettre ni bride ni selle, & c'est quelque chose de charmant que l'Amitié qu'ils ont pour moi, aussi bien que l'un pour l'autre.

CHAPITRE XII.

Veracité de l'Auteur. Dessein qu'il s'est proposé en publiant cet Ouvrage. Il censure ces Voyageurs qui n'ont pas un respect inviolable pour la verité. L'Auteur refute l'Accusation qu'on pourroit peut-être lui faire d'avoir eu quelques vûës sinistres en écrivant. Reponse à une objection. Methode de faire des Colonies. Eloge de son pays. Il prouve que l'Angleterre a de justes droits sur les païs dont il a fait la Description. Difficulté qu'il y auroit à s'en rendre Maître. L'Auteur prend congé du Lecteur; declare de quelle maniere il prétend passer le reste de sa Vie, donne un bon Avis, & finit.

Voilà, cher Lecteur, un Recit sincere de ce qui m'est arrivé dans les Voyages que j'ai faits pendant l'espace de seize Ans sept mois; Recit auquel la seule verité sert d'ornement. Il n'auroit tenu qu'à moi d'imiter ces Ecrivains qui se servent de l'incroyable & du merveilleux pour étonner leurs Lecteurs; mais j'ai mieux aimé raporter des Faits d'une manière simple, parce que mon

Dessein est de vous instruire & non pas de vous amuser.

Il est aisé à nous qui voyageons dans des pays éloignez, qui ne sont guères frequentez par des *Anglois*, ou par d'autres *Européens*, de faire de magnifiques Descriptions de plusieurs choses admirables dont on n'a jamais entendu parler. Au lieu que le principal But d'un Voyageur doit être de rendre les Hommes plus sages & meilleurs, en leur racontant ce qu'il a vû de bon & de mauvais dans les lieux qu'il a parcourus.

Je souhaiterois de tout mon cœur qu'on fît une Loi, qui obligeât tout Voyageur, avant qu'il lui fût permis de publier ses Avantures, qui l'obligeât, dis-je, à faire serment en presence du *Grand Chancelier*, que tout ce qu'il a dessein de faire imprimer est exactement vrai; car alors le Public ne seroit plus abusé par un tas d'Ecrivains qui abusent insolemment de sa credulité. J'ai lû avec plaisir dans ma Jeunesse plusieurs Livres de Voyages; mais ces Livres ont beaucoup perdu de leur merite dans mon imagination, depuis que j'ai eu occasion d'en voir les Faussetez de mes propres yeux. Voila pourquoi, mes Amis ayant jugé que le recit de mes Avantures pourroit être de quelque utilité à mes Compatriotes, je me suis imposé l'obligation inviolable d'être *toûjours Fidéle à la Verité*; ce qu'il y a de sûr, c'est que je ne pourrai pas seulement être tenté de violer cette espèce d'Engagement, tant que je conserverai le souvenir des Leçons & des Exemples de mon illustre Maître, & des
au-

autres *Houyhnhnms* dont j'ay eu si longtem l'honneur d'être le très-humble Auditeur.

—— *Nec si miserum Fortuna Simonem*
Finxit, vanum etiam, mendacemque improba finget.

Je n'ignore pas, qu'il n'y a pas grande Reputation à aquerir par des Ecrits qui ne demandent ni Genie ni savoir, mais simplement un peu de Memoire & d'Exactitude à coucher sur le papier ce qu'on a vû. Je sai aussi que ceux qui font part au Public de leurs Voyages, ont le même sort que les faiseurs de *Dictionnaires*, c'est-à-dire, sont effacez par leurs successeurs : ce qui les engage à mentir à qui mieux mieux, pour se sauver de l'Oubli. Et il est très probable, qu'il y aura un jour des Voyageurs qui visiteront les pays dont je viens de donner la Description, & qu'en découvrant mes Erreurs (s'il y en a) & en ajoûtant plusieurs nouvelles Découvertes, ils prendront ma place au Temple de Memoire, & feront oublier que j'aye jamais écrit. Ce seroit là certainement une grande mortification pour moi, si c'étoit l'Amour d'une vaine Reputation qui m'avoit rendu Auteur : Mais comme je n'ai eu en vûë que le bien public, il est impossible que je manque tout à fait le but auquel j'ay visé.

Car qui peut lire ce que j'ai écrit des vertus des *Houyhnhnms*, sans rougir de ses vices, quand il se considére comme l'Animal de son pays à qui la Raison & le Gouvernement sont tombez en partage? Je ne dirai rien de ces Nations éloignées, où les *Yahoos* président, parmi lesquelles la moins corrompue est celle des *Brobdingnagiens*, dont les sages Maximes en Morale & en Politique contribueroient beaucoup à nôtre bonheur, si nous les observions. Mais je crains d'entrer dans un plus grand détail, & j'aime mieux laisser au Lecteur la liberté de faire les Réflexions qu'il jugera convenables.

C'est un grand sujet de Contentement pour moi, quand je songe que mon Ouvrage est à couvert de toute Censure: Car que peut-on dire contre un Auteur qui raporte simplement des Faits arrivez dans des pays éloignez, où nous n'avons aucun interêt à ménager, soit pour des Negociations, soit par raport au Commerce? J'ai évité soigneusement toutes les fautes, dont on taxe ordinairement les faiseurs de Voyages. Par dessus cela, je ne me suis devoüé à aucun *parti*, mais ai écrit sans passion, sans préjugé, & sans malin vouloir contre qui que ce soit. Je me suis proposé en écrivant, la fin du Monde la plus noble, qui est l'instruction des Hommes; en quoi je puis dire sans vanité que le commerce que j'ai eu avec les *Houyhnhnms* m'a donné un grand avantage sur ceux qui se proposent le même but dans leurs Ouvrages. Je n'ai point écrit dans l'Esperance de quelque profit ou de quelques vaines Loüanges. Je n'ai pas mis sur le papier un seul mot qui pût donner le moindre Mécontentement à ceux qui en sont le plus sus-

susceptibles. Si bien que je puis m'appeller moi-même avec justice un Auteur parfaitement irreprochable, & à l'égard duquel les faiseurs de Réflexions, de Remarques & de Considerations n'auront aucune occasion d'exercer leurs Talens.

J'avoüe qu'on m'a dit en confidence, qu'entant qu'Anglois, j'aurois dû donner à mon Arrivée un Memoire au Secretaire d'Etat; parce que tous les pays qu'un Sujet découvre apartiennent à la Couronne. Mais je suis fort en doute si nos Victoires sur les Habitans des pays dont j'ay parlé seroient aussi faciles que celles que *Fernand Cortez* remporta sur des *Americains* nus. Les *Lilliputiens* ne valent guéres la peine à mon Avis qu'on équippe une Flote pour les subjuguer, & je craindrois qu'on ne s'en trouvât mal, si l'on tentoit la même chose à l'égard des *Brobdingnagiens*: ou qu'une Armée d'*Anglois* ne fût pas autrement à son aise, s'ils voyoient l'Isle volante sur leurs Têtes. Il est vrai que les *Houyhnhnms* ne sont pas fort habiles dans le métier de la Guerre, & que sur tout ils seroient fort embarrassez à se garantir des Coups de nôtre Canon & de nôtre Mousqueterie. Cependant, quand même j'aurois été un Ministre d'Etat, je n'aurois jamais conseillé de faire une Invasion dans leur pays. Leur intrepidité, leur prudence, leur unanimité, & l'attachement inviolable qu'ils ont pour leur patrie, leur tiendroient lieu d'Experience dans l'Art militaire. Mais au lieu de faire des projets pour subjuguer la nation magnanime des *Houyhnhnms*, il seroit plutôt à souhaiter qu'ils fuſſent en état & dans la diſpoſition d'envoyer un nombre ſuffiſant d'entr'eux pour enſeigner aux *Européens* les premiers principes de l'Honneur, de la Juſtice, de la Veracité, de la Temperance, de la Grandeur d'Ame, de la Chaſteté, de la Bienveillance, & de l'Amitié : Vertus dont nous avons encore conſervé les *Noms* dans nôtre Langue, comme je pourrois le prouver par les Livres de pluſieurs de nos Ecrivains, s'il en étoit beſoin.

Mais il y avoit encore une autre raiſon qui moderoit l'Empreſſement que j'aurois à étendre les Domaines de ſa Majeſté, ſi j'en étois capable. Pour dire le vrai, il m'étoit venu quelques petits ſcrupules ſur la juſtice diſtributive des Princes dans ces ſortes d'occaſions. Par exemple, une Troupe de Pyrates eſt pouſſée par une Tempête ſans ſavoir où : Un Mouſſe grimpe au haut du grand Mât & voit Terre, les gens de l'Equipage y abordent pour piller ; ils voyent un pauvre Peuple, qui les reçoit avec Amitié & avec Douceur ; ils donnent un Nouveau Nom à ce pays, en prennent poſſeſſion en bonne forme pour leur Roy, dreſſent en guiſe de Memorial une pierre, ou quelque planche pourrie, tuent une trentaine des Habitans, en aménent une demie douzaine pour ſervir d'Echantillons, s'en retournent chez eux, & obtiennent leur grace. Quel bonheur pour un Monarque d'avoir des Sujets ſi zelez à faire valoir ſes *juſtes Droits* ? Auſſi ne neglige-t'il pas leurs utiles Decouvertes. A la premiere occaſion, des Vaiſſeaux ſont font envoyez, les Naturels du pays chaſſez ou détruits, leurs Princes mis à la torture pour découvrir leurs Treſors, & tous les Actes d'inſolence ou d'inhumanité autoriſez. Et cette exécrable Troupe de Bourreaux employez à une ſi pieuſe Expedition, s'apelle une Colonie moderne envoyée pour convertir & pour civiliſer un Peuple Idolâtre & Barbare.

Mais il faut dire auſſi que cette Deſcription ne convient en aucune maniére à la Nation *Angloiſe*, qui en établiſſant des Colonies, a toûjours obſervé les Regles de la plus parfaite Sageſſe, & de la plus exacte Equité; qui dans ces ſortes d'Etabliſſement ſe propoſe pour principal Avantage l'Avancement de la Religion; qui n'y envoye que des Paſteurs pieux, & capables de prêcher le Chriſtianiſme; qui ne confie les Charges civiles, qu'à des Officiers très habiles, & entiérement incorruptibles; & qui, pour ne rien oublier, fait toûjours choix de Gouverneurs vigilants & vertueux, qui n'ont d'autres vûës que le bonheur du peuple qui leur eſt ſoumis, & que l'Honneur du Roi leur Maître.

Mais comme d'un côté les pays dont j'ai fait la Deſcription, ne paroiſſent pas faciles à envahir; & que de l'autre ils n'abondent ni en Or, ni en Argent, ni en Sucre, ni en Tabac; je ſuis tenté de croire que ce ne ſont pas des objets convenables pour nôtre Zéle, nôtre Valeur ou nôtre interêt. Que ſi ceux, que cela pourroit concerner, ſont d'une autre opinion, je ſuis prêt à dépoſer, quand j'y serai juridiquement apellé, qu'aucun *Européen* n'a jamais mis le pied dans ces pays avant moi, au moins s'il en faut croire les Habitans. On peut à la verité tirer une Objection de ces deux *Yahoos*, qu'on avoit vû il y a quelques siécles sur une Montagne du pays des *Houyhnhnms*, & de qui, au dire de ces Animaux, la Race de ces Bêtes étoit descendue. Cette objection est d'autant plus forte que j'ai remarqué dans leur posterité quelques Lineamens *Anglois*, quoi que pas fort marquez. Mais je laisse à ceux qui sont versez dans les Loix touchant les Colonies, à decider jusqu'à quel point cette remarque fonde nos Droits sur ce pays.

Pour ce qui regarde la formalité d'en prendre possession au nom de mon Souverain elle ne m'est jamais venuë dans l'Esprit ; & quand même j'y aurois songé, la prudence m'auroit fait renvoyer cette Ceremonie à une meilleure occasion.

Ayant ainsi repondu à la seule objection qui pouvoit m'être faite entant que Voyageur, je prens ici congé de tous mes chers Lecteurs, & vai m'employer à present à faire usage des excellentes Leçons que j'ay reçuës des *Houyhnhnms* ; à instruire les *Yahoos* de ma famille autant que leur indocilité naturelle pourra me le permettre ; à considerer souvent ma figure dans un Miroir, afin de m'acoutumer insensiblement à suporter la vûë d'une Créature humaine ; à plaindre la stupidité des *Houyhnhnms* de mon pays, mais à traiter toûjours leurs personnes avec respect, pour l'Amour de mon aimable Maître, de sa Famille, & de ses Amis, à qui nos *Houyhnhnms* ont l'honneur de ressembler pour la Figure, quoi qu'ils en diférent du tout au tout à l'égard de l'intelligence.

La semaine passée je permis pour la première fois à ma femme de diner avec moi, à condition qu'elle se mettroit au bout le plus éloigné d'une longue Table. Ce n'est pas que je ne me souvienne que de certaines vieilles Habitudes avoient leur agrément ; mais jusqu'à ce moment il m'a été impossible de m'aprocher d'un *Yahoo* sans craindre ses grifes ou ses dents.

Je me reconcilierois bien plus aisément avec l'Espèce des *Yahoos* en general, s'ils n'avoient que ces vices & ces folies, qui sont en quelque façon l'Apanage de leur Nature. Je ne sens aucun mouvement de colère quand je vois un Avocat, un fou, un Colonel, un Joüeur, un grand Seigneur, un Politique, un Maquereau, un Medecin, un Suborneur, ou un Traitre. Tous ces gens joüent un Role naturel : Mais je ne me possede plus, quand je vois un Tas de Vices dans l'Ame & de Défauts dans le Corps, couronnez par le plus sot & le plus insolent *Orgueil*. J'ai beau y rêver, il m'est impossible de comprendre comment un tel vice peut loger dans le sein d'un tel Animal. Les sages *Houyhnhnms* qui ont toutes les belles Qualitez dont peut être ornée une Créature raisonnable, n'ont point de mot pour exprimer ce vice dans leur Langue, parce qu'ils en sont incapables, & qu'ils n'en ont jamais remarqué dans leurs *Yahoos*. Mais moi, à qui la Nature Humaine étoit mieux connue, j'en ai aperçû quelques traces dans ces Bêtes.

Comme les *Houyhnhnms* font profession de n'obéïr qu'à la raison, & de n'être gouvernez que par elle, ils ne tirent non plus vanité des bonnes Qualitez qu'ils possedent, que je pourrois le faire d'avoir deux Bras ou deux Jambes : Avantage dont personne n'est assez fou pour se glorifier, quoi qu'il soit miserable sans cela. Si j'insiste un peu long tems sur ce sujet, c'est que je souhaiterois de tout mon cœur de rendre le commerce d'un *Yahoo Anglois* du moins suportable. Ainsi je prie ceux qui ne sont pas tout à fait exempts d'un vice si absurde, de n'avoir pas l'impertinence de se jamais presenter à mes yeux.

F I N.

www.ingramcontent.com/pod-product-compliance
Lightning Source LLC
Chambersburg PA
CBHW071932160426
43198CB00011B/1372